cahiers libres/témoins

Ahmed Manaï

Supplice tunisien

Le jardin secret du général Ben Ali

Préface de Gilles Perrault

LA DÉCOUVERTE
9 *bis*, rue Abel-Hovelacque
PARIS XIIIe
1995

« *Celui d'entre vous qui observe une injustice, qu'il la récuse par l'action,
sinon par la parole, à défaut par le cœur et ceci est le minimum exigé du
croyant.* »

Le Prophète Mohammed

« *Assister au mal sans rien dire, c'est assister le mal.* »

Victor Hugo

Si vous désirez être tenu régulièrement informé de nos parutions, il vous suffit
d'envoyer vos nom et adresse aux Éditions La Découverte, 9 *bis*, rue Abel-Hovelacque, 75013 Paris. Vous recevrez gratuitement notre bulletin trimestriel **A la Découverte.**

Je dédie ce livre

à la mémoire de Faïçal Barakat, étudiant islamiste, du commandant Mansouri, officier, morts sous la torture, et de Double Mtir, ancien résistant, mort des séquelles de la torture comme tant d'autres Tunisiens,

à Hamma el-Hammami, militant communiste, condamné à huit ans et demi de prison pour ses idées, à Salah Mansour, ingénieur, condamné à six ans pour son intégrité morale, à Adel Selmi, chercheur, condamné à quatre ans pour son « excellence intellectuelle »,

au docteur Moncef Merzoughi et à maître Abderrahmane Hani, emprisonnés arbitrairement pour avoir osé présenter leur candidature à l'élection présidentielle,

et à tous mes compatriotes incarcérés ou contraints à l'exil.

Au-delà de nos différences, nous avons tous en commun l'amour de notre patrie et un rêve de liberté. Ce rêve, nous le réaliserons ensemble.

A Malika, ma femme et mon amie,
A Amira et Bochra, mes filles,
A Badis, Bilel et Taher, mes fils.
Aux miens.

Préface

par Gilles Perrault

Un quinquagénaire fatigué s'apprête à sortir d'un immeuble de Tunis. Il se tourne vers le maître des lieux : « Je voudrais vous remercier pour tout, Si Hammadi, et surtout rendre hommage à votre grand professionnalisme. » L'autre, ému, le serre sur son cœur et l'embrasse. Le petit personnel lui serre la main. A la porte de l'immeuble, un jeune colosse le prend dans ses bras et l'étreint jusqu'à la suffocation.

L'homme s'éloigne dans la rue. Il titube comme un ivrogne, secoué par des sanglots incoercibles. Gênés, les passants s'écartent. Pourtant, un garçon le prend par le bras : « Qu'est-ce que tu as, mon père ? As-tu perdu quelqu'un ? » L'homme répond : « C'est une longue histoire, et difficile à raconter. Mais voilà : j'ai perdu ma dignité. Non, bien plus : j'ai perdu mon humanité. »

Ahmed Manaï ne sortait pas de quelque clinique, mais d'un des repaires des Renseignements généraux tunisiens. Le directeur, qu'il avait remercié « pour tout », l'y avait martyrisé pendant deux semaines. Ceux qui venaient de lui faire des adieux émus étaient ses tortionnaires.

7

Au jeune homme compatissant qui le secourait dans sa détresse, Manaï dit d'une voix si brisée que sa femme ne le reconnaîtra pas au téléphone : « Si un jour on te donne à choisir entre la vie et la dignité, n'hésite pas, choisis la dignité. Sans elle, la vie n'a aucun sens. » A cet instant, il estimait que sa vie n'avait plus de sens. Soumis à des tortures effroyables, menacé de subir encore pire, il avait, rompu par la souffrance, livré à ses bourreaux ce qu'ils attendaient de lui : l'aveu de très banales rencontres entre opposants au régime du général-président Ben Ali.

Ses « aveux » permettraient au pouvoir de « dévoiler » à grand fracas médiatique un « complot contre la sûreté de l'État » — un de plus. Et la machine à réprimer ingurgiterait quelques victimes supplémentaires.

Ce qui fait la force de ce terrible livre, c'est sa sincérité. Le monde étant ce qu'il est, innombrables sont les récits de torture. Rares sont ceux qui atteignent à l'authenticité de celui-ci. Encore plus rares, ceux qui nous initient à la relation énigmatique, incompréhensible de l'extérieur, qui s'établit entre tortionnaire et torturé, l'un comme l'autre victimes du même système répressif, et, au bout du compte, dépouillés l'un comme l'autre de leur dignité.

Il fallait beaucoup de courage pour écrire un tel ouvrage. Ahmed Manaï a su le trouver en lui parce qu'il voulait dire la vérité sur la situation de son pays. Quand un témoignage est lesté d'une telle charge d'authenticité, il n'est pas possible de récuser le témoin.

On ne compte plus les rapports d'organisations humanitaires dénonçant la répression sauvage à laquelle se livre le régime de Ben Ali : enlèvements, exécutions sommaires, torture généralisée, prise en otage des familles, agressions sexuelles sur les femmes...

Cela se déroule dans un pays moins éloigné de la France que la Bosnie, un pays auquel nous lient des souvenirs anciens — parfois cruels pour les Tunisiens, mais par eux surmontés —, des affinités culturelles, une aspi-

ration commune à une vie politique et sociale qui ne soit pas réglée par la seule loi de la jungle. Le régime de Ben Ali se trouve-t-il donc chez nous voué aux gémonies ? Point du tout.

Les responsables politiques français, et jusqu'au premier d'entre eux, se sont bousculés pour faire le pèlerinage de Tunis et décerner à qui mieux mieux les brevets d'honorabilité au dictateur de Carthage.

Certes, les États sont des monstres froids et les considérations géopolitiques ont pour eux plus de poids que les leçons de morale. Longtemps, les régimes les plus arbitraires furent tolérés, voire encouragés, dans la mesure où ils opposaient un barrage efficace à l'expansion communiste.

L'Union soviétique désintégrée, le « péril intégriste » a pris le relais. La sauvagerie des moyens se trouverait justifiée par la légitimité de la fin : enrayer la montée en puissance d'un extrémisme religieux menaçant de submerger le monde musulman.

La tragédie où s'enfonce la malheureuse Algérie faisant repoussoir, tout serait bon pour préserver l'ensemble du Maghreb de basculer dans l'intégrisme. Et peu importe si les pouvoirs profitent du blanc-seing ainsi accordé pour éliminer toute opposition démocratique en lui collant la très commode étiquette d'« intégriste »...

Il faut lire les pages très éclairantes que consacre Ahmed Manaï à sa vision personnelle de l'islam. Elles ne sont pas d'un esprit intolérant, encore moins d'un fanatique. Pour ce musulman convaincu, mêler l'islam à la politique, le lancer dans la lutte pour le pouvoir, constituait un contresens pur et simple. Placé devant le fait accompli, toute son action tendit à insérer les intégristes dans le jeu politique démocratique, alors que le pouvoir les maintenait à la marge avant d'entamer leur liquidation systématique.

On imagine volontiers que tous les opposants tunisiens — dissidents destouriens, « islamistes » ou autres — ne sont pas à l'image d'Ahmed Manaï, et que beaucoup

9

d'entre eux n'ont pas exactement la démocratie au cœur. La classe politique occidentale, qui entraîne avec elle les opinions publiques, devrait pourtant s'interroger sur les moyens les plus adéquats de pourvoir au problème. Ils ont la mémoire courte, ceux qui croient que sa solution sera trouvée en soutenant les régimes les plus corrompus et les plus brutaux.

Pendant des décennies, l'Occident a fermé les yeux sur la répression et la corruption régnant en Iran sous la dictature du chah ; quand il les rouvrit, les ayatollahs étaient au pouvoir.

Trente ans d'arbitraire et de compromissions en tout genre du FLN ont eu pour résultat la victoire des intégristes au premier tour des élections algériennes, de sorte qu'on annule le second tour au motif étrange qu'il fallait assassiner la démocratie pour la mieux sauver.

Au Maroc, où Hassan II s'est refait une virginité politique aux yeux du monde occidental en échangeant sa livrée de combattant anticommuniste, aujourd'hui dévaluée, contre celle de défenseur des libertés face au péril intégriste, les islamistes progressent dans tous les secteurs, forts de la misère et de la rancœur d'une population mise en coupe réglée.

Il faut crier inlassablement cette évidence : partout et toujours, répression et corruption sont les deux mamelles de l'extrémisme. Soutenir un Hassan II ou un Ben Ali, c'est plus qu'un crime : une faute.

C'est aussi trahir un peuple ami. A lire Ahmed Manaï, comment ne pas éprouver compassion pour ses compatriotes et honte d'appartenir à un pays qui protège leur bourreau ? La répression, il l'a éprouvée dans sa chair. La corruption généralisée instaurée par le régime de Ben Ali, il la décrit d'une plume alerte et avec un humour ravageur.

Il trace aussi du général-président un portrait au vitriol. Sans doute estimera-t-on qu'il force un peu le trait. Un pantin qui tomberait dans les vapeurs à la moindre tension ne ferait pas long feu au pouvoir. Ben Ali a sans doute plus de ressort que ne lui en accorde un auteur mû par une compréhensible vindicte. Mais, pour l'essentiel, le portrait est corroboré par trop de témoignages pour être révoqué en doute. Et c'est ici que la comparaison avec le Maroc ne tient plus.

Même ses pires adversaires reconnaissent à Hassan II une intelligence rare, du courage, une vision politique, notamment dans le domaine des relations extérieures. Un despote, certes, et des plus cruels, mais avec une sorte d'élégance dans le crime.

Ben Ali, quant à lui, se rangerait plutôt dans la même catégorie que le ci-devant empereur Bokassa. Après Bourguiba, qui fut immense avant que l'âge et la démesure du pouvoir absolu n'aient eu raison de lui, quelle disgrâce pour nos amis tunisiens que de tomber sous la lourde patte d'un flic médiocre traînant derrière lui une smala de profiteurs et de courtisans misérables.

Aucun peuple ne mérite cela ; le peuple tunisien moins que les autres, qui s'est toujours caractérisé par son sens de la mesure, l'attachement à la tolérance, une finesse d'esprit et une distinction qui le mettent à part dans le concert des nations.

Puisse Ahmed Manaï être largement lu chez nous, et son livre faire tomber les écailles qui aveuglent tant de Français et d'Européens abusés ou indifférents, mais, malgré qu'ils en aient, complices.

1

Un bref printemps au Sahel

Le téléphone sonna dans la nuit. Je me levai du divan sur lequel je tentais depuis une heure de trouver un sommeil impossible, après être rentré de ma tournée des centres de dépouillement des bulletins de vote. Cette nuit serait blanche. Il était 4 heures du matin et bientôt l'aube serait là. La date inscrite au calendrier — dimanche 2 avril 1989 — marquerait à tout jamais pour moi la fin du très bref printemps qu'avec mes amis et mes proches nous venions de vivre pendant treize jours d'une campagne électorale pleine d'espérances. L'information que mon correspondant anonyme me donnait, au téléphone, apportait une nouvelle confirmation que ces espérances n'avaient été qu'illusions. Dans les heures qui suivraient, ce genre de confirmations allaient pleuvoir. Non, décidément, rien n'avait changé.

Sans préambule ni formules de politesse, l'inconnu me raconta que le jeune cameraman qui avait, durant les deux semaines de la campagne, filmé nos réunions privées et nos manifestations publiques venait d'être arrêté par la police. Celle-ci était venue dans trois fourgonnettes, avait défoncé sa porte et investi sa maison.

Elle avait perquisitionné chez lui durant une heure et saisi tous les enregistrements et le matériel. Je promis à mon correspondant de m'occuper de cela dès le matin. Dans mon for intérieur, j'étais convaincu que la chasse aux sorcières avait commencé.

A 7 heures on frappa à ma porte, légèrement au début, puis un peu plus fort et avec insistance. Je n'attendais personne si tôt. La réunion de bilan avec mes colistiers était prévue pour l'après-midi. A moins que ce fût la police ? Ma femme alla ouvrir. Non, ce n'était pas la police. C'était Besma, dont le visage livide démentait son nom, qui signifie *sourire* en arabe. Elle fit quelques pas dans le couloir et s'évanouit dans les bras de ma femme. Quand elle revint à elle au bout de quelques instants, elle éclata en sanglots. Elle venait de se faire renvoyer de son travail, sans aucune explication. Elle était, depuis une dizaine d'années, ouvrière dans une usine de confection produisant pour l'exportation. Son patron, un Belge, était très satisfait d'elle. C'est le contremaître, un Tunisien de Sfax, qui lui avait, dès l'aube de ce lundi, signifié la décision de renvoi, lui conseillant, narquois, d'aller se plaindre à « son protecteur », que j'étais censé être. Elle me raconta qu'une vingtaine de ses collègues de la manufacture avaient subi le même sort. Certaines avaient été battues par leur mari, pour leur avoir désobéi et voté pour notre liste, et maudissaient déjà leur choix électoral. Elle-même ne regrettait rien et était prête à tout, ajouta-t-elle. J'essayai de la calmer et de minimiser l'incident, lui promettant de téléphoner un peu plus tard au gouverneur de la région.

Vers 9 heures, ce fut au tour de Randa, une jeune institutrice, de venir me faire le récit de son aventure. Elle était allée à son école le matin, un quart d'heure avant la rentrée, comme d'habitude. Ses élèves étaient en rangs et elle s'apprêtait à les faire entrer en classe après la cérémonie du salut au drapeau. Le directeur était venu l'informer de la décision de l'inspecteur de la renvoyer à ses casseroles. Au bout de dix années de loyaux services et par téléphone ! La lettre officielle viendrait confirmer plus tard la décision arbitraire.

D'autres informations du même genre me parvinrent tout au long de la journée. J'étais très inquiet de la tournure prise par les événements. Je pensais que le rideau était tombé sur les élections. Nous avions consommé notre défaite programmée et donné rendez-vous à nos amis. Inch'Allah dans cinq ans, leur avais-je dit, trois jours plus tôt, à l'issue de notre dernier meeting électoral à Monastir ! J'étais à mille lieues de penser que les vainqueurs allaient mettre leurs menaces à exécution et user de représailles contre leurs adversaires. Le gagne-pain, c'est tout de même sacré. Mais ce n'était là qu'un début...

Le « changement du 7 novembre »

Rétrospectivement, ma naïveté et celle de mes amis est aisément compréhensible. Ni moi ni eux n'étions des politiciens professionnels. Nous n'avions fait que céder à l'euphorie ambiante dans la Tunisie de l'immédiat après-Bourguiba.

Le 7 novembre 1987, croyions-nous, une ère nouvelle avait été ouverte par la destitution du vieux patriarche qui présidait le pays depuis son indépendance en 1956. Dans la proclamation qu'il avait lue à la radio à l'aube de ce 7 novembre, le général Zine Abidine Ben Ali n'avait-il pas solennellement reconnu le « haut niveau de responsabilité et de maturité » du peuple et la « capacité de tous ses éléments et de toutes ses composantes à apporter leur contribution constructive à la gestion de leurs affaires et à garantir les conditions d'une démocratie responsable et le respect de la souveraineté populaire, depuis longtemps inscrite dans la Constitution » ? Ne nous avait-il pas promis tout ce dont nous avions été sevrés auparavant : la liberté, la démocratie, l'État de droit, la justice sociale, l'unité du Maghreb et bien d'autres choses ?

15

Le général n'était pas un inconnu. Directeur général de la sûreté, puis ministre de l'Intérieur et même Premier ministre, il avait été, avant de devenir l'« artisan du changement », celui de la répression la plus féroce. Personne ne s'était apesanti sur les conditions du déroulement, les justifications constitutionnelles et les explications « médicales » du coup d'État (Ben Ali avait justifié, j'y reviendrai, la destitution de Bourguiba par son incapacité physique et mentale à gouverner). A la veille de ce qui sera appelé dorénavant le « changement du 7 novembre », la Tunisie vivait depuis des années un profond malaise, au rythme des frasques du sérail et des procès politiques. La déliquescence de l'État destourien était fort avancée, la société délabrée et l'économie en miettes. Le désespoir était à son comble. Les Tunisiens attendaient donc un sauveur. Il était enfin là et peu importait son passé ou son bagage ! Ils auraient accepté le premier caporal venu qui leur aurait promis une « ère nouvelle ». Le soulagement était total et l'euphorie générale !

Le rêve ne dura certes pas longtemps. L'amnistie générale tant attendue et solennellement promise par le nouveau chef de l'État se révéla être une grâce présidentielle octroyée à ceux qui l'avaient rallié. La réforme constitutionnelle s'attacha à abroger la présidence à vie, elle-même liée à Bourguiba et devenue donc caduque après sa destitution, à plafonner l'âge des candidats aux élections présidentielles pour éliminer d'éventuels concurrents et à accroître les prérogatives de l'exécutif et principalement du président de la République. Le verrouillage avançait à pas de géant.

Les « innovations » en matière d'organisation de la vie politique apportèrent un supplément de déception. Une loi organisant les partis politiques, votée le 3 mai 1988, accentuait les pouvoirs discrétionnaires du ministère de l'Intérieur, introduisant une nouvelle dose d'arbitraire et multipliant les cas d'interdiction et de sanction des partis politiques et de leurs dirigeants. Ainsi l'article 25, dans son alinéa 4, comportait une menace surprenante pour une loi d'un pays « démocratique » : « Est puni d'un emprisonnement de cinq ans au maximum, tout fondateur ou dirigeant d'un parti qui par son attitude, ses contacts, ses prises de position, ses propos ou écrits, *vise à entreprendre une action de démocratisation de la nation* [souligné par moi] dans le but de troubler l'ordre public ou de porter atteinte à la sûreté intérieure ou extérieure de l'État. »

Le code de la presse révisé sera de la même veine. Il multiplia les interdits, au point que, dès les premiers mois du « changement », disparurent des kiosques tous les organes de presse qui n'avaient pas compris le message. Parallèlement, ceux qui s'étaient spécialisés dans l'invective et la diffamation des opposants politiques, fortement soutenus par les services secrets, prospéraient et augmentaient leur tirage.

La défense des droits de l'homme connut une première victoire avec l'installation à Tunis, en mars 1988, d'une section d'Amnesty international puis la ratification, en juillet de la même année, de la convention des Nations unies sur la torture et les traitements cruels, inhumains et dégradants. La vitrine étant prête, les bourreaux pouvaient travailler en toute sécurité dans l'arrière-boutique !

Mais c'est sur le chapitre des élections qu'on attendait surtout de juger de la sincérité des promesses du nouveau régime et de sa bonne foi démocratique.

Candidature

En janvier 1988, des élections législatives partielles eurent lieu. Cinq sièges de députés étaient à pourvoir. Leurs anciens titulaires, trop fidèles à Habib Bourguiba, avaient été simplement congédiés après une courte période de détention. Deux des sièges vacants étaient situés précisément dans ma circonscription, celle de Monastir. De nombreux amis m'incitèrent à rompre avec mon statut d'éternel observateur et à m'engager dans une bataille électorale. A quarante-sept ans, c'était presque trop tard.

Je ne manquais pas d'atouts pour le faire, entamer une carrière publique et servir, autrement que je ne l'avais fait jusque-là, mes idées et mon pays.

Je suis originaire du Sahel. Cette région à forte densité de population est historiquement une des plus urbanisées et scolarisées du pays. Elle a été épargnée par la colonisation de peuplement. Son ancrage dans ses traditions paysannes a permis d'éviter une « clochardisation » précoce de ses populations. C'est elle qui a donné, dans les années trente, leur expression politique moderne aux revendications nationalistes. Ksar Hellal, l'un de ses nombreux villages, abrita en 1934 le congrès constitutif du parti du Néo-Destour, créé par Habib Bourguiba et ses amis, Jeunes-Turcs en rupture avec la précédente génération, le vieux Destour. C'est aussi la région qui donna à l'État tunisien indépendant la plupart de ses grands commis, de ses cadres et de ses hommes politiques.

Le Sahel tunisien est donc un peu l'équivalent du triangle Batna-Tebessa-Souk Ahras, connu sous ses initiales BTS en Algérie, ou de l'Auvergne pour la IIIe République française. Une « pépinière » en somme, mais dont le rôle, largement dépassé aujourd'hui, alimente encore bien des frustrations dans le reste du pays.

Je suis de Ouardanine, un village dont l'histoire remonte au début de la conquête musulmane. Il a été l'un des premiers à avoir soutenu et porté la lutte pour l'indépendance. Il fut au début des années cinquante le centre névralgique de la résistance armée à la présence coloniale dans la région. Il donna naissance à un prestigieux chef fellagha, Hassen el-Ouardani, un bandit social converti très tôt à la lutte nationaliste.

J'étais bien servi aussi du côté de ma famille. Mon grand-père maternel, Mohammed Salah Farhat, était héritier d'une longue lignée de lettrés, formés à l'université de la Zitouna à Tunis. Il était dans l'entre-deux-guerres notaire du village, charge qu'il avait héritée de son père. Il jouissait d'un grand prestige local pour son œuvre pionnière dans la scolarisation de toute une génération.

A une époque où très peu de ses contemporains croyaient à l'utilité de l'école, il s'était saigné à blanc pour assurer l'éducation de ses enfants. Deux d'entre eux réussirent brillamment et s'illustrèrent plus tard. Mohammed Farhat fils, l'aîné, fut président de la Haute Cour et procureur général de la République jusqu'à sa mort en 1980. Son cadet, Abdallah, fut ministre durant un quart de siècle. Ils n'avaient pas laissé d'héritiers mâles pour assumer leur héritage. Quant à moi, j'en étais trop éloigné, par mes conceptions sociales et mes convictions politiques, pour le faire.

Je m'étais toujours senti plus proche de mon père et de ses frères, petits paysans et fidèles représentants d'une Tunisie profonde, reléguée aux oubliettes à l'indépendance. En 1962, j'étais le premier lycéen du village à obtenir le baccalauréat. J'entrepris alors des études d'agronomie et d'économie rurale, avec le secret espoir de servir un jour les moins nantis parmi les miens. C'est leurs semblables que je servis, à partir de la fin des années soixante, dans le Djérid et le Nefzaoua tunisiens. Plus tard, dans les années soixante-dix, je servis leurs frères de l'Est algérien et, à partir des années quatre-vingt, je retrouvai, dans le cadre de missions de la Banque mondiale et des Nations unies, leurs frères du Rif marocain et d'Afrique orientale.

Politiquement, je suis le produit complexe d'idées et de mouvements politiques et sociaux qui ont traversé et parfois profondément bouleversé ma société et mon époque. Patriote tunisien par vocation, je fus néanmoins longtemps séduit par le panarabisme nassérien, sans jamais céder à ses aspects autoritaires.

Le tiers-mondisme, né du mouvement des non-alignés de Bandoung, les révoltes de Hongrie et de Tchécoslovaquie, celle des étudiants en Europe et notamment de Mai 68 en France, la lutte des dissidents de l'Europe de l'Est et notamment l'œuvre de Soljenitsyne, la théologie de la libération de Mgr Helder Camara en Amérique du Sud emportèrent longtemps mon enthousiasme et m'immunisèrent totalement contre le communisme.

19

La révolution islamique en Iran en 1979 me fit espérer un instant une possible libération de l'homme et une nouvelle recomposition du monde, plus conforme à la justice et à l'égalité entre les peuples. Je fus très vite déçu par son esprit sectaire, son autoritarisme et sa violence, qu'explique peut-être l'histoire de l'Iran mais que rien à mon sens ne pouvait justifier.

Au début des années quatre-vingt, mes horizons politiques s'étaient réduits à la Tunisie et occasionnellement au Maghreb. Tout m'était devenu clair et j'étais désormais convaincu qu'aucun système politique ne pouvait prétendre à la légitimité s'il n'avait pas l'adhésion, librement consentie, des citoyens. C'était pour moi tout simplement la démocratie occidentale, formelle et bourgeoise, avec les accommodements locaux de détail.

Au lendemain du coup d'État, Ben Ali, en promettant habilement monts et merveilles, parvint même à faire oublier les pages sanglantes de sa carrière au cours de la décennie écoulée, depuis les manifestations ouvrières de 1978 qu'il avait noyées dans le sang et la tentative d'insurrection armée de Gafsa qu'il avait réprimée violemment en 1980, jusqu'à la vague d'arrestations, de tortures et d'assassinats politiques qui avaient précédé sa prise de pouvoir.

Pour la première fois depuis l'indépendance, le pays profond commençait à s'inventer un discours, cherchait ses porte-parole et entrevoyait une alternative. C'était pour moi l'occasion rêvée. Mais je ne me présentai pas aux élections partielles de janvier 1988. Les candidatures étaient trop nombreuses et souvent motivées par des rivalités locales. Chacun des nombreux villages du Sahel monastirien avait son candidat, en plus des deux candidats du parti au pouvoir. Je n'avais même pas la possibilité de faire passer un message. J'attendis donc les élections générales, prévues pour avril 1989.

Il n'était pas difficile de trouver à cette occasion, parmi les déçus du bourguibisme et les désillusionnés de son successeur, cinq hommes compétents, intègres et libres de tout engagement partisan, pour tenter l'aventure. Il était en revanche moins facile de nous associer une seule femme qui soit plus qu'une figurante. Au plan politique, la libération de la femme était plus inscrite dans les textes de loi et la propagande officielle que dans la réalité.

Au mois de février 1989, je commençai par une tournée des candidats à l'élection précédente. Un seul accepta de refaire l'expérience. Les autres avaient subi suffisamment de tracasseries, de pressions et d'intimidations pour que leur soit passée l'envie de toute activité politique.

La liste

Mon premier colistier était Abdel Hamid Bédioui, un professeur de français, originaire de Monastir, la quarantaine passée. Il avait déjà une expérience du terrain, acquise lors de sa participation aux élections partielles de janvier 1988. Il s'était forgé à cette occasion une réputation de battant et de fin tacticien. Il connaissait par ailleurs les dédales et le personnel de l'administration régionale et locale, s'était initié à leurs ruses et manœuvres dilatoires et avait lié des relations utiles avec nombre de personnalités indépendantes de la région. Natif comme Bourguiba de Monastir, il apportait le poids électoral de ce chef-lieu de la circonscription. La grogne de l'électorat de cette ville, non encore remise de la destitution de son enfant et chef, pouvait se traduire ainsi par des suffrages en notre faveur.

Durant les deux premières semaines de mars 1989, nous avions tous deux sillonné la région pour solliciter des adhésions, conclure des alliances, susciter des candidatures ou en décourager d'autres que nous jugions néfastes à notre projet. Nous nous tournâmes ainsi vers le Mouvement de l'unité populaire (MUP), parti légalisé et relativement présent dans la région de Monastir. Ses deux principaux dirigeants, Mohammed Belhadj Amor et maître Nacer ben Ameur, se préparaient à former leur liste. J'étais au courant de leurs difficultés à réunir les six candidats nécessaires et leur proposai donc la constitution d'une liste unique et paritaire. Au bout de nombreuses rencontres, nous nous séparâmes sur un constat d'incompatibilité. Le chef d'un autre parti légal, très proche du nouveau chef de l'État, ne pouvait accepter de se présenter sur une liste indépendante. Il était prêt, en revanche, à céder sur tout le reste.

Une autre liste concurrente se préparait dans la région. Le Mouvement des démocrates socialistes, qui venait de créer, avec mon discret soutien, deux cellules de quelques dizaines d'adhérents dans la région, s'estimait suffisamment fort pour affronter le parti au pouvoir — le Parti socialiste destourien rebaptisé Rassemblement constitutionnel démocratique (RCD) — dans son propre fief. Il comptait pour cela sur la bonne réputation de son chef, Ahmed Mestiri, ancien ministre de Bourguiba, et sur le souvenir de ses propres résultats lors des élections législatives de 1981. Le choc de la réalité et surtout le peu d'empressement à le rejoindre des hommes sollicités pour être candidats convainquirent Salah Chouaieb, son promoteur, de se désister en notre faveur.

Au bout d'une semaine de laborieux contacts et consultations, nous avions fini par constituer notre liste. Elle comprenait, outre Abdel Hamid Bédioui et moi-même, le docteur Lazhar Chemli, un chirurgien de Ksar Hellal, Frej Yahia, un économiste de Sahline, Salem Nouira, un industriel de Teboulba, et notre benjamin, le docteur Khelifa Limam, assistant à la faculté de médecine de Sousse et originaire de Bembla.

Chacun de nous pouvait se prévaloir, outre sa formation universitaire et ses compétences professionnelles, d'un profond ancrage dans sa réalité locale, d'un long passé d'opposant politique et d'une bonne culture arabe et française. Le tout assumé le plus naturellement du monde et sans aucun complexe. Nous avions aussi la réputation d'être des croyants pratiquants et revendiquions avec force notre conviction dans une démocratie musulmane à construire. Être à la fois bon musulman et démocrate convaincu ne nous semblait guère contradictoire. Nous découvrions au fil des jours et des réactions positives à notre démarche qu'une nouvelle élite était en marche, au Sahel mais aussi dans le reste du pays, dont nous faisions partie sans la connaître. Avec des différences, une vingtaine de listes indépendantes se constituèrent ainsi dans tout le pays, sans aucune concertation entre elles. Cette nouvelle élite menaçait de devenir une « troisième force » démocratique, qui perturbait la bipolarisation en cours entre, d'une part, le pouvoir et son parti et, d'autre part, les islamistes du mouvement Ennahdha.

Ces derniers furent contraints par la loi à abandonner leur ancienne appellation, Mouvement de la tendance islamique, et à choisir celle d'Ennahdha — la Renaissance. L'article 3 de la loi sur les partis stipulait en effet qu'« aucun parti n'a le droit de se référer, dans ses principes, ses objectifs, son action ou son programme, ni à la religion, ni à la langue, ni à une race, ni à une région ». Mais ce changement de nom n'était pas suffisant pour leur permettre de participer directement aux élections. Tous leurs dirigeants en vue étaient sous le coup de condamnations de justice et donc inéligibles. Aussi choisirent-ils de susciter des candidatures parmi leurs sympathisants et de soutenir les listes indépendantes qui s'étaient déjà constituées. Mais, en proclamant son soutien à notre liste, Ennahdha fera une « OPA » sur elle. Le pouvoir, quant à lui, entreprendra plus simplement de nous diaboliser en nous présentant comme des hommes de paille des islamistes.

Nous entreprîmes aussitôt de réunir les signatures nécessaires à la validation de nos candidatures. Selon le code électoral, chacun de nous devait en recueillir quatre-vingts. Nos comités de soutien locaux en avaient réuni le double le même jour, pour éviter les mauvaises surprises. Il fallait en effet les faire légaliser auprès de la mairie, et c'est à ce moment-là que nombre de nos sympathisants découvrirent qu'ils avaient été rayés des listes électorales, ce qui les rendait inaptes à nous soutenir. Nous dépassâmes néanmoins ce premier obstacle.

Le second consistait à faire valider la liste par l'administration. Pour cela, il fallait obtenir un rendez-vous avec le gouverneur de la région. Nous l'avons enfin eu avec son représentant, trente minutes avant la fin du délai de rigueur. Il jugea que notre dépôt de candidature était irrecevable parce que... la profession figurant sur la demande de candidature de l'un d'entre nous ne correspondait pas à celle inscrite sur sa carte d'identité. Frej Yahia, le professeur d'économie, s'était reconverti dans les affaires et n'avait pas encore modifié sa carte d'identité. Il était clair qu'on cherchait la petite bête pour nous éliminer de la compétition. Nous nous employâmes aussitôt à refaire tout, c'est-à-dire à remplir vingt-quatre pages de paperasse en quelques minutes, sous l'œil vigilant du délégué du gouverneur ! Nous y sommes parvenus, un peu avant le gong fatal !

Treize jours... qui réveillèrent le Sahel

L'attente du verdict de l'administration dura une semaine. Nous l'avions occupée à préparer notre plateforme politique, à travailler les thèmes de nos meetings et à nous partager les rôles. Nous discutâmes longuement de l'opportunité d'une visite de courtoisie à l'ancien président Bourguiba. Depuis son éviction en 1987, celui-ci était reclus dans une villa de Monastir. Il était dans le couloir de la mort, mais sans jugement. Notre projet s'éventa et enragea Ben Ali, qui l'évoquera publiquement contre nous le jour même des élections.

L'organisation matérielle de la campagne se révéla des plus difficiles. Nous ne pouvions compter que sur nos propres moyens. Aussi chacun de nous versa-t-il 500 dinars de sa poche dans la cagnotte pour les affiches, les tracts et autre matériel de propagande. Mais l'intox adverse évaluait déjà à quelques dizaines de millions nos frais de départ. Et, sitôt connu le soutien du mouvement islamiste Ennahdha à notre liste, le chiffre atteignit les centaines de millions. C'était sans rapport avec la réalité, mais de bonne guerre...

Notre programme était d'une grande simplicité. Nous avions une idée précise sur le pouvoir du Parlement et la capacité de ses membres à infléchir la politique du gouvernement. La réforme constitutionnelle de mai 1988 avait délesté le pouvoir législatif de ses rares prérogatives et accru celles de l'exécutif et principalement du président de la République. Notre premier objectif de futurs députés potentiels était de rétablir l'équilibre entre les pouvoirs et, si nous étions majoritaires dans la nouvelle assemblée, d'accroître celui des députés. Il fallait en finir une fois pour toutes avec le culte de l'homme providentiel, « combattant suprême » — Bourguiba — ou « artisan du changement » — Ben Ali.

Notre plate-forme électorale, vulgarisée sur les deux hebdomadaires indépendants, *Réalités* et *Le Maghreb*, au mois de mars 1989, puis par nos tracts, reproduisait les revendications communes à tous les courants d'opposition : une authentique démocratie, un multipartisme réel, une totale liberté d'expression et d'association, et surtout un plus grand respect des droits de l'homme. Mais dans nos meetings, nous avions collé davantage à la réalité locale et aux problèmes de la région. La crise de l'industrie textile d'exportation, celle aussi aiguë d'une oléiculture microfundiaire en quête d'eau et de moyens de se moderniser, le développement sauvage d'un tourisme grand consommateur d'eau, d'espace et d'investissements, et un chômage ravageur préoccupaient par-dessus tout nos sympathisants.

La campagne électorale commençait le lundi 20 mars 1989, pour se prolonger jusqu'au vendredi 31 au soir. Le vote était prévu pour le dimanche 2 avril. Mais durant le mois qui a précédé, nous avons eu, les candidats mais surtout les sympathisants, un avant-goût de ce que le pouvoir nous réservait. Les centaines de femmes et d'hommes qui ont soutenu nos candidatures ont été convoqués ou visités par la police, le sous-préfet, un responsable du parti au pouvoir ou simplement un ami ou un parent. Ils furent conseillés ou intimidés, pour au moins « bien » voter, dès lors qu'ils ne pouvaient plus revenir sur leur soutien. Au fonctionnaire, on promettait une mutation au fin fond du pays, au travailleur un chômage certain, à l'étudiant la suppression de sa bourse, à l'agriculteur un refus de crédit... Chacun avait son point faible, chacun avait son prix.

Au beau milieu de la campagne, j'appris que Ben Ali avait convoqué tous les gouverneurs des régions pour les prévenir que, au cas où une liste indépendante l'emporterait dans une région, son gouverneur serait révoqué *illico*. De retour dans leurs régions respectives, les gouverneurs en firent autant avec les délégués et ceux-ci avec les *oumdas*, responsables des districts. Les médias, pour leur part, rappelaient inlassablement le message officiel : « Le chef de l'État avait donné des ordres stricts et clairs pour que les élections se passent dans la transparence et la liberté. »

Les dés étaient jetés et il n'était plus question pour nous de tergiverser. Notre discours changea. Il nous fallait dénoncer le double langage du pouvoir, ses manœuvres dilatoires, sa dérive autoritaire, ses corruptions en tout genre, les enrichissements illicites de ses caciques et leurs friponneries, dignes de la Rome des Borgia. Il nous fallait rappeler aux Tunisiens, très vite frappés d'amnésie, ce qu'était le « changement » tant vanté, la personnalité de l'homme qui l'incarnait et ce qu'il avait fait en quelques mois pour tuer l'espoir. Nous le fîmes avec un courage auquel nos concitoyens étaient peu habitués. Les centaines de personnes qui suivaient nos premiers meetings étaient devenues des milliers la seconde semaine. Tout se passait pourtant dans des salles closes, sans tambour ni trompette, avec des haut-parleurs obligatoirement tournés vers l'intérieur. La présence ostentatoire des policiers et de la milice destourienne ne dissuadait plus personne. Ceux qui nous suivaient avaient la certitude de se défouler, à défaut d'espérer gagner les élections.

En face, la liste destourienne battait de l'aile. A la

veille du jour du scrutin, elle ne mobilisait même plus ses miliciens, pourtant généreusement gratifiés.

Miracle des miracles, aucun incident, aucun heurt n'a été enregistré tout au long des treize jours de campagne. Ni les candidats, ni leurs sympathisants n'ont agressé qui que ce soit, ni n'ont été agressés par leurs adversaires. Les forces de l'ordre n'ont jamais eu à intervenir. Les Tunisiens étaient majeurs et tolérants comme à leur habitude et en donnaient la preuve éclatante.

Le dimanche du scrutin, dans la circonscription de Monastir, les bureaux de vote ouvraient à 8 heures. Ils étaient aussitôt investis par les représentants de l'administration, pour en expulser nos observateurs. Ceux qui leur résistaient étaient provoqués et aussitôt inculpés de résistance à la force publique. Les policiers encadraient le flot ininterrompu des « convertis » de l'aube au Destour. Certains d'entre eux étaient venus avec des paquets d'enveloppes remplies à l'avance de bulletins de vote rouges, ceux du Destour, d'autres avec des dizaines de cartes d'électeurs fictifs, préparées à la hâte par les mairies. Dans la rue, les « comptables » payaient *cash* les bulletins de l'opposition qu'on leur rapportait. Cinq dinars le bulletin et un bon d'entrée à la fête de la victoire, prévue le soir dans les hôtels de la côte. A 9 heures du matin, le bourrage des urnes était terminé. Mais l'on attendra le lendemain pour connaître le verdict officiel. Dans son extrême bienveillance, l'administration accordera à notre liste 20 600 voix, quelque 22 % des voix exprimées. Le Destour aura, en pourcentage, un peu plus du triple et la totalité des sièges. Nous en étions simplement écœurés.

C'était la fin de l'illusion. Il fallait repartir et attendre les prochaines élections, pour dans cinq ans ! Mais, nous laisserait-on tenter à nouveau l'expérience en 1994 ? La réponse viendrait bientôt. En attendant, il me fallait reprendre mon bâton d'expatrié et aller gagner ma vie, auprès des paysans de l'Afrique profonde, cette fois-ci au Burundi.

2

Souricière

L'avion de 17 h 15 atterrit, en ce samedi 6 avril 1991, à l'aéroport de Tunis-Carthage sous une pluie diluvienne. Depuis longtemps, le pays n'avait pas connu une telle générosité du ciel : les pluies avaient été abondantes, généralisées à tout le territoire et, de plus, bien réparties sur l'année. Le mois d'avril, traditionnellement redouté par les paysans, avait été exceptionnellement bien arrosé. Après des années, ils pouvaient enfin espérer récolter les fruits de leur labeur. Ils continueraient certes à redouter les grêles du mois de mai, qui détruisent en quelques minutes les efforts de longs mois, sans qu'ils puissent compter sur une quelconque assurance. Mais nous étions encore au mois d'avril, et tous les espoirs étaient permis.

A peine l'avion avait-il touché le sol que des acclamations nourries fusèrent de toutes parts. C'est devenu une tradition bien établie sur les avions de Tunis Air : à chaque atterrissage, les passagers se défoulent ainsi, sans que l'on sache vraiment si c'est pour saluer l'exploit de l'équipage, somme toute normal, ou au contraire pour exprimer un soulagement et exorciser la peur.

Ils se levèrent aussitôt, dans un désordre digne de nos souks hebdomadaires, pour prendre possession de leurs bagages et s'apprêter à descendre. Les exhortations de l'hôtesse de l'air, en arabe, en français et en anglais, à « rester assis jusqu'à l'arrêt complet de l'avion » n'y firent rien. Il aurait fallu un agent de l'ordre pour que, d'un signe de sa tête, le calme régnât à nouveau !

Qui saurait combien, parmi les passagers tunisiens de l'avion, redoutaient plus les formalités de sortie de l'aéroport que l'accident aérien ? Mais avec tout ce qui parvenait d'informations de Tunis, tout ce qui se transmettait sur les ondes de radio trottoir, peu d'entre eux pouvaient être sans crainte.

La crainte du pire

On parlait déjà, dans les rues de Barbès et de Belleville, de milliers d'arrestations, opérées au milieu de la nuit avec une rare violence. On commentait les conditions indescriptibles de détention et les formes inédites de torture, à laquelle aucun détenu, quel que soit son âge ou sa condition sociale, ne peut échapper. A croire ces rumeurs, la Tunisie, traditionnellement perçue comme terre d'un arbitraire paternaliste et bon enfant, s'était transformée en un goulag des franges sahariennes. A tel point que Hassan II en vint à conseiller aux journalistes trop préoccupés par la situation des droits de l'homme au Maroc de s'occuper de la Tunisie, où les choses étaient pires [1]...

Dans de telles conditions, n'importe quel Tunisien, fût-il le plus irréprochable des citoyens, s'inventerait des raisons de craindre le pire. Dans un régime policier, on a toujours quelque chose à se reprocher, et l'un des fondements de la dictature est justement de faire de tout

---

1. Nicolas BEAU, « Le nouveau costume du président était entaché de sang », *La Truffe*, 14 octobre 1991.

citoyen, si honnête soit-il, un suspect en puissance. C'est la première phase du processus qui fait des citoyens des moutons. A un stade plus avancé, l'autosuspicion se transforme en autoculpabilité. Puis, une fois que le dos commence à courber, que l'échine se plie et que les mécanismes de la résistance craquent, cela va toujours jusqu'au bout.

L'histoire contemporaine de tant de peuples nous enseigne que, à quelques nuances près, le modèle de la dictature est universel. Celle que subissent les Tunisiens ne fait pas exception. Le fait que la dictature tunisienne en était tout juste à ses débuts, en ce printemps 1991, qu'elle procédait d'un homme sans envergure et que ses fondements idéologiques se résumaient à un anti-islamisme primaire ne doit pas induire en erreur.

Les mythes se créent plus facilement qu'ils ne se défont. Et, pour peu qu'on y mette le prix, que l'on réunisse les moyens et que l'on fasse du mensonge le fondement du pouvoir, on peut modeler et présenter comme on veut le passé d'un homme. Du plus commun des mortels, du dernier d'entre eux même, la propagande a souvent réussi à faire, ne fût-ce qu'un instant, le plus grand des héros.

En janvier 1988, au cours d'un sommet réunissant Ben Ali, Chadli et Kadhafi, ce dernier présenta Ben Ali comme le « héros de Sakiet Sidi Youssef » : l'homme aurait donc été blessé lors de l'attaque française de ce village frontalier tunisien, en 1958, alors qu'il se trouvait dans son bureau de Tunis. Quel don d'ubiquité !

En ce mois d'avril 1991, la Tunisie était déjà largement engagée dans l'expérience d'un système autoritaire de plus en plus contesté ailleurs. Même certains dictateurs arabes, réputés indécrottables, commençaient, sous l'effet conjugué des vents d'Est et du Sud, à douter d'eux-mêmes. Le bouillonnement interne des sociétés arabes et le bourgeonnement d'une démocratie en Algérie, en Jordanie et dans le lointain Yémen, pour une fois heureux, laissaient prévoir à court terme la propagation de cette contagion bienfaisante.

Mais non, il fallait que la Tunisie, qui s'est pourtant longtemps tenue à l'écart des soubresauts du Machrek, renoue avec ce qu'il y a de plus négatif dans sa dimension arabe, et commence par là où les autres semblaient finir.

Pourtant, l'expérience dont elle avait cru sortir en novembre 1987 était bel et bien, elle aussi, une dictature. Mais elle était le fait d'un homme dont la popularité avait pu résister à l'usure du temps et du pouvoir. Un homme qui, de plus, n'était pas sorti du néant, mais traînait au contraire un long passé de patriote, au point d'en être réduit à ne jamais conjuguer au présent et au futur. Le bilan de ses trente ans de règne, si contesté soit-il, n'est d'ailleurs pas globalement négatif.

Et Bourguiba n'était pas seul. Il s'était appuyé tout au long de son règne sans partage sur un parti au passé glorieux, structuré et bien implanté dans le pays, même si l'essoufflement de son message l'avait réduit, au cours des dernières années, à une coquille vide.

Le patriarche Bourguiba, paternaliste à l'excès, mal servi par une classe politique faite de courtisans de bas niveau, se contentait de traiter les Tunisiens en mineurs. Son successeur les enfoncera plus bas encore, les traitant en mineurs délinquants, et certains d'entre eux comme de dangereux récidivistes.

Il n'est guère étonnant, dans ces conditions, que le souci majeur du Tunisien, en particulier l'émigré de retour au pays, soit de s'assurer que son nom ne figure pas dans l'ordinateur du ministère de l'Intérieur. Pour ceux qui ont été de longue date étiquetés et fichés, à tort ou à raison, comme des opposants incorruptibles, il existe en effet un fichier spécial, accessible au seul chef du poste frontalier. (C'est une garantie supplémentaire pour le cas où la sympathie, les affinités en tout genre, les liens de parenté ou tout simplement le *bakchich* violeraient le secret des codes informatiques et livreraient à l'intéressé les renseignements qui le concernent.)

Ce 6 avril 1991, conformément à l'information que l'un de mes amis m'avait fournie quelques jours plus tôt, je constatai que l'ordinateur de la police ne me tenait nullement rigueur. Je ne devais pas être non plus dans le fichier confidentiel puisque je pus passer sans encombre le contrôle de police.

A la douane, ce fut moins facile, bien que rien dans mes bagages ne pût justifier l'excès de zèle du douanier. Les regards furtifs que celui-ci échangeait tant que dura ma fouille avec un groupe de personnes en civil, à quelques mètres de nous, me firent un instant craindre le pire. Mais tout rentra dans l'ordre au bout d'un moment, et je pus partir sans difficulté.

Je faillis verser dans un excès d'optimisme. Mes craintes n'étaient donc guère fondées, et je commençais à douter sérieusement de toutes les informations qui me parvenaient à Paris. Arabe et méditerranéen, le Tunisien a une grande propension à l'exagération, me disais-je. On parlait d'une réédition, sur une plus grande échelle et avec des moyens autrement plus importants et perfectionnés, de la répression de 1987.

Le coup de 1987

A cette époque, Ben Ali, ministre de l'Intérieur puis éphémère Premier ministre, avait au moins une raison d'alimenter la tension et d'étendre la répression : il voulait le pouvoir suprême et avait pour cela un plan, à la fois simple et machiavélique. Celui-ci consistait dans une première phase à convaincre Bourguiba, mais aussi l'ensemble de la classe politique tunisienne, de la puissance irrésistible de leurs adversaires du Mouvement de la tendance islamique (MTI) ; un peu dans le genre du discours sur la « quatrième armée du monde », dont les médias nous abreuvèrent quelques années plus tard, pour justifier la guerre contre l'Irak en 1991.

Ce plan devait présenter, dans sa deuxième phase, le général Ben Ali, spécialiste du maintien de l'ordre, comme l'unique pilier du régime, le rempart contre le désordre et le dernier recours. La phase ultime consistait à discréditer définitivement Bourguiba, vieillard sénile et gâteux, afin que sa déposition ultérieure, pour « empêchement absolu », soit acceptée dans le pays et à l'étranger comme une délivrance. C'étaient là les conditions préalables et justificatives de toute opération de rébellion contre l'ordre dont Ben Ali était censé défendre la légitimité.

Au mois de janvier 1987, ce dernier connut son premier échec. Reçu le 12 par Bourguiba pour son rapport quotidien sur l'état de la sécurité dans le pays, il poussa si loin l'intox qu'il s'entendit traiter de « cinglé » par le chef de l'État. Il ne désarma point pour autant et engagea, à partir de février, une vaste campagne de répression contre les étudiants du syndicat islamiste UGTE, puis contre les dirigeants et militants du Mouvement de la tendance islamique (MTI). Ceux-ci croyaient aussi trouver dans cette escalade de la violence un début de concrétisation de leurs objectifs.

La Tunisie connut un printemps chaud. La répression, jusqu'alors confinée aux milieux islamistes, s'étendit aux syndicalistes. Plusieurs membres du bureau exécutif de la centrale ouvrière (UGTT) furent arrêtés le 26 avril 1991. Ben Ali eut aussi son premier succès. Le 5 mai, il fut élevé au rang de ministre d'État.

L'été fut carrément explosif. Le 3 août 1987, le président Bourguiba devait fêter « dans la liesse populaire » son quatre-vingt-quatrième anniversaire. La veille au soir, des bombes artisanales éclatèrent dans quatre hôtels de la région de Sousse et de Monastir, sans faire de victimes. Revendiqués par un « Jihad islamique tunisien », inconnu jusqu'alors et dont on n'entendra plus parler par la suite, qui affirmait avoir voulu ainsi venger son « chef », Habib Dhaoui, exécuté un an plus tôt, ces attentats, à défaut d'être clairs, furent utiles.

Pour continuer à justifier la répression généralisée et à entretenir l'amalgame, les autorités en attribuèrent la paternité au MTI. Elles réussirent aussi à faire le silence total sur la mort sous la torture de six militants islamistes au mois d'août et s'apprêtaient à justifier le lourd verdict du grand procès qui était en cours.

C'est alors que le MTI me sollicita pour transmettre une proposition à Ben Ali. Elle consistait en un engagement à mettre un terme aux manifestations de rue contre la promesse que la Cour de sûreté de l'État, qui jugeait à l'époque son leader Rached Ghannouchi et ses compagnons, s'abstiendrait de prononcer des condamnations à mort. C'était Fadel Beldi, l'un des rares dirigeants de ce mouvement encore en fuite, qui m'avait demandé, quelques semaines avant son arrestation le 13 octobre 1987, de transmettre le marché à Ben Ali.

Je le lui avais fait communiquer le jour même, par l'intermédiaire d'un ami commun, membre à l'époque du bureau politique du parti destourien. Sa réponse n'avait pas tardé. C'était un *non* clair, net et définitif !

D'ailleurs, il n'avait pas besoin que la rue retrouve son calme. C'était condamner à un échec certain tout son plan. Bien plus, il agira dans le sens de l'escalade de la violence, provoquant lui-même, par les miliciens du parti bien encadrés par sa police, les manifestations que les islamistes, à bout de souffle, ne pouvaient organiser. Ce sont ses agents, ainsi que les membres des « comités de vigilance » dirigés par l'ancien maquisard Mahjoub ben Ali, qui, sur l'ensemble du territoire, se transformaient la nuit en *taggers*, investissaient les murs des cités pour y exprimer dans toutes les couleurs de l'arc-en-ciel la haine de l'ordre établi. Au petit matin, les mêmes agents, revêtus de la tenue officielle, revenaient sur les lieux pour effacer les slogans qu'ils avaient écrits quelques heures plus tôt.

Bien plus, il ne cessa d'intervenir auprès des membres de la Cour, opposés à la peine de mort, pour qu'ils fassent taire leur conscience. Aux plus scrupuleux, il promit de faire jouer la grâce présidentielle au moment opportun. Deux d'entre eux résistèrent jusqu'au bout et firent échouer son projet sanguinaire. Le verdict du procès, rendu public le 27 septembre 1987, n'était pas aussi lourd que l'avait espéré Ben Ali : juste sept condamnations à mort — dont cinq par contumace — et « seulement » la réclusion criminelle à perpétuité pour Rached Ghannouchi.

Mais ce qu'il n'a pu obtenir par le charme, les intimidations et les menaces, il l'aura par la ruse et la manipulation.

Le lendemain du verdict, Hechmi Zemmal, le président de la Cour de sûreté de l'État, accompagné de la garde rapprochée de Bourguiba à moitié endormi, informait ce dernier des détails du verdict. Le « vieux » exprima son mécontentement, mais n'alla pas plus loin. Sa haine des islamistes était encore tempérée par un vague respect des délibérations d'un tribunal. L'avocat qu'il avait été dans sa jeunesse n'était peut-être pas tout à fait mort.

Qu'à cela ne tienne ! Dès sa sortie du palais présidentiel de Skanès, Ben Ali dicta la marche à suivre à son ami et confident Kamel Letaief. Il fallait crier sur tous les toits que Bourguiba, devenu fou et pris d'une hystérie sanguinaire, avait ordonné la révision du procès et réclamait pas moins de trente-cinq têtes, dont, bien sûr, celle de Ghannouchi. C'était le prélude à la guerre civile, à moins que ne se produisît un miracle, à savoir l'arrivée au pouvoir d'un sauveur suprême, qui ne pouvait être, évidemment, que Ben Ali....

Réveillé en pleine sieste, Z. est mis au parfum. Il affrontera la canicule et ira à pied propager la bonne parole. Ses divers relais se chargeront de la diffuser, démesurément gonflée et en un temps record, jusque dans le douar le plus reculé du pays.

Mais il ne fallait pas compter sur Bourguiba pour qu'il se retire du pouvoir de lui-même. Quelques années auparavant, informé de la décision de Léopold Sédar Senghor de quitter le pouvoir, il avait qualifié cet acte de « folie de Nègre ». De toute façon, et quand bien même il en aurait eu l'envie, sa cour veillait au grain et l'en aurait sûrement dissuadé. Certains de ses courtisans pensaient même le momifier au cas où il viendrait à mourir, et s'étaient accordés à garder le secret de sa mort, en attendant de s'entendre sur sa succession. Les héritiers potentiels se comptaient par dizaines, et le dernier portier du palais de Carthage se découvrait une vocation de présidentiable.

La décision était prise. Il fallait le démettre. Le plan concocté à cet effet depuis le mois de juillet 1987 avait reçu l'accord des Américains, et il était dans sa phase finale. C'est le général Habib Ammar, commandant de la garde nationale, qui l'exécuta à la tête d'une unité de ses troupes d'élite.

Le matin du 6 novembre, Saïda Sassi, la nièce de Bourguiba, avait en effet informé Ben Ali que son oncle comptait le démettre, dès le lendemain, de ses fonctions de Premier ministre, pour le remplacer par Mohammed Sayah, alors ministre d'État et de l'Éducation nationale. Ben Ali donna alors consigne à sa femme, Naïma el-Kefi, de se préparer à un départ en catastrophe. Un avion prêt à décoller l'attendait avec ses enfants à l'aéroport de Tunis-Carthage, alors qu'un hélicoptère attendait sa maîtresse en titre et future épouse, Leïla Trabelsi, à la caserne d'El Aouina. Leur destination commune était une base américaine en Sicile.

Il faillit même douter des prédictions de sa voyante marocaine, Lella Fatma, qui lui confirma, ce matin-là, que les astres annonçaient l'avènement de son règne pour ce jour-là.

Mission accomplie, Monsieur le Président, lui annonça enfin le général Ammar, une fois neutralisée la garde rapprochée de Bourguiba et ce dernier détrôné. Il ne resta alors à Ben Ali qu'à lire gauchement, à l'aube du 7 novembre 1987, sur toutes les ondes la déclaration préparée quelques instants auparavant par Hédi Baccouche, et à brandir à la face des « légalistes » les certificats médicaux, extorqués par correspondance, qui attestaient l'incapacité de Bourguiba à gouverner...

Après avoir crié au miracle le matin, les Tunisiens, au soir de la fête, auraient pu commencer à méditer la formule imagée d'un vieux sage de Ouardanine. Interrogé sur l'événement à son retour des champs, le cheikh déclara simplement : « Nous sommes un troupeau dont le

... endormi et qu'un voleur a pris en main pour
...re peut-être à l'abattoir...»

Ramadan en sursis

L'optimisme qu'avait suscité en moi le passage des
barrières policières et douanières ne dura pas longtemps.
Aussitôt les formules de bienvenue échangées avec ma
femme et mon fils Badis et les bagages chargés, je
démarrai la voiture. J'avais hâte de retrouver le reste de
la famille, et, à moins d'une heure de la rupture du jeûne,
de prendre mon café au relais routier de Bir Bou Rekba.
Je ne fis pas attention à la voiture qui s'était mise aussitôt dans notre sillage. Mais, sur la route déserte, je
remarquai néanmoins que nous étions suivis à une bonne
distance. La voiture qui me prenait en filature pouvait
pourtant dépasser une dizaine de fois ma vieille 4CV, et
le temps n'était guère aux randonnées de plaisir. Il continuait à pleuvoir à torrents.

Au relais de Bir Bou Rekba, je n'avais plus de doute
sur les intentions de nos poursuivants. La voiture me
filait bel et bien et les formalités exceptionnellement
coulantes de l'aéroport n'avaient eu pour but que de
me mettre en confiance. Plus tard, alors que j'étais
son hôte de marque, le directeur des Renseignements
généraux me révéla qu'il était venu spécialement à l'aéroport pour m'arrêter, qu'il avait observé de loin mes faits
et gestes et décidé au dernier moment de surseoir à mon
arrestation.

Je rentrai donc chez moi et retrouvai ma famille,
presque certain d'être tombé dans une souricière. Mais
qu'importe ! La chaude ambiance familiale, le désir de
rattraper les cinq mois d'absence et de rétablir mes
rapports avec mes enfants, surtout avec Taher, le plus
jeune, l'emportaient sur toute autre considération.

Au bout de trois jours à la maison, je décidai de sortir
un peu, pour retrouver les nombreux amis qui me récla-

38

maient et l'atmosphère festive du mois de Ramadan. Badis, l'aîné de mes enfants, m'en dissuada, prétextant une forte et inhabituelle présence des agents de notre DST nationale (Direction de la sûreté du territoire) dans le village. Elle avait précédé de deux ou trois jours mon retour, mais s'était intensifiée depuis.

Je compris vite que cet honneur visait ma personne. De nombreux signes me le confirmèrent les jours suivants. Au bout de vingt-cinq ans d'activités militantes, l'instinct est en principe bien rodé, et je sentais le danger à mille lieues. Même sans cela, il ne m'était pas permis de faire d'erreur d'appréciation sur la suite des événements. M'attendant à une descente imminente de la DST et à une perquisition en règle, j'entrepris de faire le ménage complet.

Très vite, tout me devint suspect. Le moindre papier, la dernière note ou la plus commune correspondance pouvaient servir à m'envoyer au bagne de Borj Erroumi jusqu'à la fin de mes jours.

Il n'était surtout pas question de tenter de cacher quoi que ce soit. J'avais une idée assez précise des moyens d'investigation de la police et de mes capacités à leur résister. N'ayant jamais cultivé la force physique ni exercé la moindre violence vis-à-vis de qui que ce soit, j'estimais que j'étais le dernier à devoir la subir un jour, à moins que ce ne fût de la part d'un fou. Or la lecture des journaux et l'écoute des médias officiels m'avaient convaincu, moins d'une semaine après mon retour au pays, que la machine du pouvoir s'était tout simplement affolée. Du fait du climat répressif qui semblait s'être installé et de ma réputation d'opposant, il me fallait donc m'attendre à ses démonstrations musclées. Mais tant que j'étais en sursis, je devais en profiter pour faire le vide dans ma bibliothèque et plus encore dans ma mémoire.

M'entourant de mille précautions, je mis trois nuits à le faire. J'avais l'impression, en livrant au feu jusqu'à ma correspondance intime avec ma femme et mes enfants, de mourir un peu.

A la vérité, c'était plus qu'une correspondance banale

traitant des problèmes d'intendance et des préoccupations quotidiennes. J'avais toujours émaillé mes lettres d'impressions sur la vie sociale, les conditions économiques, les traditions et autres caractères spécifiques des nombreuses sociétés dans lesquelles il m'avait été donné de vivre et de travailler. Étalée sur près de vingt-deux ans, cette correspondance constituait une mine d'informations sur des pays et des régions tombés dans l'oubli. Elle décrivait par ailleurs le cheminement de ma propre pensée sur des problèmes touchant à l'évolution des sociétés arabes et tout particulièrement tunisienne.

J'avais projeté d'en faire, une fois enfin installé et en prenant du recul par rapport à l'actualité, un carnet de voyage ou quelque chose dans le genre, renouant ainsi avec la longue tradition des géographes arabes. Mais son contenu, souvent non conformiste, était de nature à fournir des pièces à conviction dans un procès politique. Je ne m'étais d'ailleurs pas trompé. Le brouillon d'une lettre destinée à l'ancien Premier ministre en exil, Mohammed Mzali, qui traînait dans mes papiers depuis les élections législatives de 1989, saisi par la police lors de la perquisition de ma maison, devait me coûter plus de dix heures de torture au premier jour de mon arrestation.

Le grand ménage terminé, je me mis à attendre la perquisition et l'arrestation. Mes consignes à ma femme et à mes enfants chargeaient notre quotidien d'une grande tristesse. Nous faisions néanmoins en sorte d'éviter que cela n'affecte les plus petits. Mais la peur est très communicative. Le soir, Badis, Bilel, ma femme et moi-même entreprenions des tours de garde. Notre crainte principale était de subir l'assaut très tôt le matin, dans une de ces opérations de commando dans lesquelles la police tunisienne est passée maître.

Cela commence ainsi : après avoir encerclé le quartier ou le pâté de maisons, puis la maison cible, des agents enragés, armés de fusils d'assaut, baïonnette au canon, sautent par-dessus les murs ou défoncent les portes, vociférant ordres et contre-ordres, émaillés d'injures et d'humiliations. Cela se termine par une perquisition avec des matelas éventrés, des papiers et des livres éparpillés, du linge envolé aux quatre coins de la maison et, pour peu que l'on soit distrait, de l'argent ou des bijoux volés. Et, pour couronner le tout, l'embarquement, devant les enfants et les voisins, du criminel enfin arrêté et enchaîné.

Au fond, cela ne me gênait guère, tant j'étais indifférent au jugement des autres. Ce qui m'importait le plus, c'était ma propre opinion de moi-même et accessoirement celle de mes enfants et de ma femme. Mais j'avais surtout peur que cela ne marque à jamais Bochra et Taher, âgés respectivement de sept ans et deux ans et demi.

Au bout de quelques jours, je perdis patience. Avec deux voitures stationnées en permanence de part et d'autre de ma rue, deux et parfois trois autres qui faisaient des rondes régulières dans le quartier, des agents munis de caméras et filmant tout ce qui bougeait autour de la maison, et enfin, la nuit, des agents embusqués sur les toits des maisons environnantes, il y avait de quoi devenir fou.

J'avais hâte que cela se termine au plus tôt, que l'on m'arrête et qu'on en finisse une fois pour toutes. J'eus même l'idée, trois jours avant mon arrestation, de téléphoner à Abdallah Kallel, le ministre de l'Intérieur, ou au général Ali Sériati, directeur général de la Sûreté, pour leur demander d'arrêter leur cirque. Je m'en suis abstenu, sachant qu'aucun d'eux n'aurait le courage de me répondre au téléphone.

Le plus urgent des problèmes

Le courage est une vertu qui a souvent manqué aux hommes politiques tunisiens. Et plus de deux ans après cette aventure, et quoique parfaitement convaincu de cette tare, j'eus un pincement de cœur quand Micheline

Paunet, la rédactrice en chef du *Monde diplomatique*, me le rappela au détour d'une phrase. La vérité est toujours amère, mais il faut la dire quel qu'en soit le prix, nous enseigne une tradition du Prophète. Et le plus urgent des problèmes que toute la classe politique tunisienne, au pouvoir ou dans l'opposition, devrait méditer, plus que les projets de redressement national, de démocratisation de la vie politique et autres idées du même genre, est celui de sa légendaire couardise.

Elle n'a pourtant jamais été appelée à affronter la mort ni à gérer une situation de guerre, mais tout simplement des crises de croissance d'une société en pleine mutation. A chaque fois, et quoique rien ne le justifiât, ses « hommes » déployèrent des trésors de lâcheté et émerveillèrent leur peuple médusé par leur poltronnerie. Dans les crises qui ont secoué le pays en 1978, en 1980, en 1984, en 1987, ou encore dans celle qui le mine actuellement depuis 1990, jamais une voix ne s'est levée à l'intérieur du pouvoir pour appeler publiquement à la raison et à la mesure, et conseiller les réformes dont le pays a grandement besoin.

En janvier 1978, une grève générale, organisée par le syndicat ouvrier, dont le secrétaire général, Habib Achour, était encore membre du bureau politique du parti au pouvoir, est noyée dans le sang. Les ouvriers, et les Tunisiens en général, ne revendiquaient pourtant qu'une amélioration de leurs conditions de vie, justifiée par l'état de l'économie nationale à l'époque, et un peu plus de liberté d'expression. Il n'a jamais été publié de bilan définitif de ce massacre de civils, mais Ben Ali, le Rambo des airs, à l'époque seulement directeur général de la Sûreté nationale, doit sûrement savoir combien il en a tué de son hélicoptère.

En janvier 1980, des jeunes Tunisiens, excédés par les tergiversations du pouvoir et sans doute manipulés par nos voisins immédiats, occupent Gafsa. La ville est reprise au prix d'un nouveau massacre, dont aucun bilan ne sera publié.

En mai 1981, les islamistes du Mouvement de la tendance islamique (MTI) sortent de la clandestinité et revendiquent une reconnaissance légale. Leur démarche impertinente vaut à leurs dirigeants leur première répression, et sans doute aussi un début de légitimation. Encore en janvier, mais en 1984, le gouvernement décide une augmentation du prix des céréales et de leurs sous-produits. Les émeutes qui s'ensuivent sur tout le territoire se heurtent à une terrible répression.

En 1987, les islamistes du MTI, désespérés de se faire reconnaître légalement par le pouvoir, manifestent violemment. Réponse : une répression aveugle et démesurée.

En 1990, Ben Ali décide l'éradication des islamistes et la mise au pas des autres composantes encore crédibles de l'opposition. La répression continue de plus belle, sans aucun bilan encore, mais toujours avec la complaisance de la classe politique.

J'en connais pourtant, parmi ces hauts dignitaires de l'État, ces puissants ministres, plus zélés les uns que les autres à fustiger l'opposition et à condamner surtout les Nahdhaouis (partisans du mouvement islamiste Ennahdha) et islamistes de tout poil, qui ne manquent pas une occasion de dénoncer l'incompétence et la folie de leur chef. Mais c'est toujours dans le cercle de leurs intimes. Thuriféraires le jour, détracteurs la nuit...

Ils seront, à n'en point douter, les premiers à le lâcher, le moment venu, et à l'enfoncer, comme ils l'ont fait avec Bourguiba. Ils avaient pourtant déifié ce dernier tout au long de son règne, et certains sanctifiaient encore son nom à quelques heures de sa destitution.

Les journaux datés du 7 novembre 1987, imprimés quelques heures avant l'événement qui enterra Bourguiba vivant, témoignent de la servilité de ces politiciens. Leurs choix ultérieurs, consignés pour l'histoire, attestent leur incommensurable ingratitude. Et les plus obséquieux furent les plus rapides à le renier.

Abdelaziz ben Dhia, l'actuel ministre de la Défense, priait et appelait à prier Dieu, le 5 novembre au soir, devant un auditoire médusé, pour qu'Il réédite son miracle en donnant à Bourguiba une vie de mille ans, comme Il l'aurait fait pour le prophète Noé. Le pauvre avait bien des raisons de réclamer le miracle, tant sa carrière politique tenait du miracle. N'avait-il pas été porté aux nues et nommé successivement à la tête de plusieurs ministères et même du parti, instance suprême du pouvoir bourguibien ?

Ce même 5 novembre, ben Dhia confiait à ses intimes, dont le colonel ben Slimane, à l'époque directeur de la Sécurité militaire, que si Ben Ali prenait le pouvoir, la Tunisie renouerait avec la tyrannie qu'elle a connue il y a trois siècles avec le sanguinaire bey Bou Bala. Mais rien de tout cela, ni son hypocrite fidélité à Bourguiba, ni son apparente aversion pour son successeur, ne l'empêcha, le 7 novembre 1987, de se mettre au service de ce dernier.

Haut risque

Je me résignai donc à attendre la suite des événements, m'interdisant tout contact, et dissuadai mes amis de me rendre visite. J'étais un pestiféré à haut risque et je n'avais guère envie de propager l'épidémie autour de moi. J'avais en mémoire l'aventure vécue par un Français, un certain Tremblay, que j'avais reçu chez moi deux ans plus tôt, sur recommandation d'un vieil ami de l'université de Nancy. C'était tout simplement pour faciliter son installation dans la région. Il avait suffi que je le promène un jour dans le village et que le chef de la garde nationale du lieu l'aperçoive en ma compagnie pour qu'il disparaisse le lendemain.

La police était venue le chercher et l'avait mis, *manu militari*, dans le premier avion en partance pour la France. Le pauvre doit toujours se demander pour quel motif, lui, simple retraité, malade, déprimé par le départ sans préavis de sa femme, rapidement épris d'un pays dont il découvrit la chaleur de la vie familiale et où il choisit de finir ses jours, fut si mal traité.

Il appartenait pourtant à cette catégorie de gens pour lesquels la Tunisie avait créé tout un ministère, fondant sur la satisfaction des moindres désirs des touristes une bonne partie de ses espoirs de développement. Mais n'est pas touriste qui veut. Avec sa barbe, mon protégé rappelait aux policiers le vieillard de Qom qui avait fait trembler le monde, dix ans plus tôt. Qu'importe qu'il fût chrétien ou agnostique, je ne l'ai jamais su, et c'était le dernier de mes soucis. L'essentiel était qu'il était venu chez moi et que, avec ma femme et mes enfants, nous l'avions tout simplement adopté. Un homme dans la détresse a droit à l'asile, quelles que soient la couleur de sa peau et ses convictions religieuses ou politiques. L'accueil que je lui fis était suffisant pour que l'on vît dans nos relations les prémices d'une conjuration universelle.

Quelques jours avant mon arrestation, le directeur régional des RG me fit transmettre un message m'informant que le dispositif policier qui m'enlaçait ne m'était pas destiné. Il visait, disait-il, des trafiquants de drogue, attendus incessamment dans la localité. Une telle rumeur circulait déjà depuis quelques jours dans le village. Sa confirmation par le messager spécial d'une autorité qui me pourchassait me rendit plus méfiant encore. Nulle part les affaires de stupéfiants ne sont de la compétence de services du type RG ou DST : ils relèvent de services spécifiques, de la douane et de la police. En Tunisie, il existe ainsi une brigade spéciale pour les stupéfiants, souvent malmenée par Ben Ali pour avoir fouiné, comme en 1986, dans les affaires de son frère Moncef.

Et si l'on avait projeté pour moi quelque chose de ce genre ? La perspective de me voir inculper de détention, d'usage et de trafic de drogue me mit aux aguets. Un petit paquet de blanche ou de noir — j'appris plus tard les qualités respectives de chaque substance lors du retentissant procès de Moncef Ben Ali à Paris — ferait bien l'affaire de la police. Aussi, je pris soin de vérifier à intervalles réguliers le toit de la maison et les moindres recoins du jardin.

Le directeur général des RG m'annoncera plus tard, à la première séance de torture et dans un moment de fureur, qu'une affaire de drogue me serait collée si je refusais de coopérer. Par la suite, durant les longues veillées au ministère de l'Intérieur, les gardiens qui avaient participé à ma filature auparavant me confirmèrent que leur administration était à l'origine de cette rumeur. Elle était principalement destinée à me mettre en confiance et à m'amener ainsi à « accomplir la mission » pour laquelle j'étais censé être revenu en Tunisie.

Pour la police, passer les fêtes en famille, revoir les amis et régler certaines affaires privées ne constituait pas des motifs suffisants pour rentrer au pays. Il fallait que je fusse chargé d'une mission de déstabilisation du régime.

Allez convaincre ces malades du pouvoir et ces drogués de puissance qu'une minute avec ma famille vaut pour moi plus qu'une éternité et davantage encore sur le trône de Carthage !

Malgré le caractère burlesque de la situation, je fis un grand effort pour m'y adapter. Parfois je m'amusais à tromper la vigilance de mes gardiens. Ils finissaient toujours par me retrouver. Je n'arrivais pas à les reconnaître tous, tant ils étaient nombreux et permutaient souvent. Mais leurs véhicules m'étaient devenus familiers.

Le mois de Ramadan de cette année 1991 tirait à sa fin. Les derniers jours sont toujours les plus difficiles. Ils semblent plus longs, plus pénibles à supporter. On avait néanmoins la satisfaction de savoir que les fêtes couronnant cette longue épreuve de résistance étaient chaque jour plus proches. Je sentais que mon arrestation l'était aussi et priais pour qu'elle se fasse après les fêtes. Depuis des années, je ne les avais pas passées en famille, et risquais, en cas d'inculpation, de ne pas le faire avant longtemps. Mon vœu fut exaucé. J'eus néanmoins une alerte au milieu du jour de l'Aïd, tout de suite après que j'eus terminé mes visites traditionnelles aux nombreuses familles qui composent le clan.

Il était près de 14 heures quand le dispositif policier,

absent en début de journée, revint sur les « lieux du crime ». Renforcés et munis d'ordres précis, ses agents investirent la place centrale du village, malmenant et terrorisant les gens avec lesquels je m'étais attablé un instant. J'étais déjà chez moi quand des jeunes vinrent me prévenir du début de l'« offensive ».

Toujours est-il que l'offensive finale prit du retard, suite au désir maladif de ses commandants à vouloir semer la panique dans toute la ville. Dans l'imaginaire de nombreux hommes politiques et des forces de répression, Ouardanine avait conservé la réputation d'irrédentisme acquise lors de la lutte de libération. Depuis l'indépendance, elle n'a pourtant cessé de fournir au régime les hommes politiques les plus dociles, les gardiens les plus disciplinés, les miliciens les plus serviles et les délateurs les plus zélés. Mais les préjugés les moins fondés sont toujours les plus tenaces.

Cela me donna néanmoins un certain répit et me permit d'envoyer quelques messages utiles. Les résultats furent immédiats. Un proche parent prit l'initiative d'aller demander l'intervention de Kamel Letaief, présent ce jour-là à Sousse pour la fête. Cet homme, dont l'unique raison sociale est celle de « commerçant en matériaux de construction », aux côtés de son frère Slaheddine, héritier de l'entreprise paternelle de bâtiment, était encore, en tant que conseiller occulte de Ben Ali, le plus puissant du pays. Le futur Premier ministre Hamed Karoui fit ainsi appel à lui pour secourir son fils, suspecté de sympathie avec les islamistes et pris dans les mailles de la police à son retour d'Algérie au début de l'été 1989. Karoui père n'était alors que ministre de la Justice...

Mon ami me rapporta son entrevue avec Letaief : celui-ci, au courant des motifs de la traque dont j'étais l'objet, ne pouvait intervenir, tant mon dossier était chargé. Il me conseillait donc d'aller, aussitôt les fêtes terminées, tout raconter au directeur général des Services spéciaux.

Mon orgueil piqué au vif, je décidai d'attendre calmement la suite des événements, convaincu que rien ne pourrait m'atteindre qui ne fût voulu par Dieu. La foi a au moins ce pouvoir de faire accepter les situations les plus tragiques. Cela s'appelle le fatalisme, mais ceux qui le fustigent chez le musulman ne lui ont pas trouvé de substitut.

Dernier rendez-vous

Le 23 avril 1991, je réussis à fausser compagnie à mes anges gardiens. J'avais un rendez-vous avec l'ancien Premier ministre Hédi Baccouche, chez lui à Tunis. Je m'y rendis sans problème, selon une procédure mise au point quelques jours auparavant avec son beau-frère, maître Abderraouf Bouker. Ses propres anges gardiens, que Ben Ali lui avait collés depuis sa disgrâce, me prirent un moment en charge, mais je réussis à les semer sans qu'ils puissent me reconnaître.

Hédi Baccouche est un vieux routier de la vie politique tunisienne. Il adhéra très jeune au Néo-Destour et s'engagea dès le début des années cinquante dans la lutte pour l'indépendance de la Tunisie. C'était le combat de sa génération et il y prit part avec l'enthousiasme de sa jeunesse. Les vieux du Sahel se souviennent encore de sa fine silhouette d'adolescent imberbe parcourant la région en sa qualité d'agent de liaison entre les divers groupes de fellagha. Curieusement, c'est ce rôle que s'attribuera sans vergogne, quarante ans plus tard, un Ben Ali en quête de passé et de légitimité historique.

Baccouche, qui avait eu une carrière en dents de scie sous Bourguiba, se retrouva, le 7 novembre 1987, Premier ministre du gouvernement issu du coup d'État, auquel il apporta tout son savoir-faire et son style littéraire. Il le resta jusqu'au jour où, subodorant une magouille dans une facture des entreprises Letaief soumise à sa signature, il demanda un délai pour apposer son paraphe.

Mon absence ce jour-là accéléra les événements.

J'appris par la suite que Ben Ali, en partance pour la Chine, tenait à me faire connaître son jardin secret avant son départ. Le fait de me laisser en liberté, même sous haute surveillance, lui aurait sûrement gâché son séjour pékinois.

3

Contrôle d'identité

Le mercredi 24 avril 1991, des échos de psalmodies du Coran diffusées par haut-parleur me réveillèrent plus tôt que d'habitude. Quand ce n'est pas pour la prière du vendredi, cela annonce toujours un décès. C'est, de plus en plus souvent, le nouveau rapport qu'entretiennent nos contemporains avec le Coran : un fond sonore inaudible, pour accompagner les morts à leur dernière demeure. Inutile désormais de l'apprendre : toute famille qui se respecte dispose de lectures du Coran sur cassettes, qui font désormais fréquemment partie du trousseau des jeunes mariées.

J'allai présenter mes condoléances à la famille du défunt, m'enquis de l'heure de l'enterrement et allai faire des courses.

A peine étais-je entré dans l'épicerie qu'une voiture, dont j'avais remarqué quelques minutes plus tôt les manœuvres trop voyantes autour de ma maison, stoppa brusquement à ma hauteur. Un homme à la carrure imposante en sortit et traversa la rue en éructant ordres et injures. Deux autres hommes, sortis du café d'en face, lui emboîtèrent le pas. J'attendais ma monnaie tout en observant leur cinéma avec un certain amusement. Mais le spectacle ne dura que quelques secondes. L'homme me saisit par le bras et me demanda si j'étais Ahmed Manaï. A ma réponse affirmative, il exhiba un insigne portant la devise de la Tunisie : *Liberté, ordre et justice*, usée par trente années de mensonges et d'iniquité. Il fit mine de me mettre des menottes, mais en fut dissuadé par son collègue. Il s'était sans doute dit qu'après dix-sept jours de surveillance et de filature, ce n'était pas le moment que je prenne la fuite. J'aurais pu pourtant le faire plus d'une fois, durant cette période. Mais pourquoi, puisque je n'avais rien à me reprocher ? Et puis ne sommes-nous pas en Tunisie, la Suisse de l'Afrique, non pas tant par la verdure et la beauté de ses paysages que par le respect qu'ont ses autorités pour les citoyens et leurs droits ?

Ceux qui en auraient douté ne savaient sûrement pas que, deux ans plus tôt, Alain Poher lui-même, alors président du Sénat français, avait tenu à décerner à Ben Ali un « prix Louise Michel des droits de l'homme ». Plus tard, à mesure que durcissait la répression et que ses échos parvenaient au-delà des frontières, ses rabatteurs lui procureront d'autres attestations de bonne conduite, payées au prix fort, comme la médaille d'honneur de l'Institut international du droit humanitaire.

Nous étions déjà dans la voiture. Bien encadré par mes gardiens, je vis avec surprise qu'on me ramenait chez moi. A quelques dizaines de mètres de la maison, un petit attroupement de badauds, sortis de la manufacture voisine, observait le carrousel de voitures.

Une équipe était déjà sur place, en train de passer au peigne fin la bibliothèque. Des livres scientifiques, des revues, des dossiers techniques dont la plupart étaient en français et certains en arabe ou en anglais : tout sauf ce qu'ils espéraient trouver. Pour peu que son contenu ne corresponde pas aux normes établies par le système tyrannique, un livre se transforme en bombe amorcée.

La basse-cour du tyran, même celle émoulue des meilleures universités, qui connaît l'allergie du maître aux choses de l'esprit, se garde bien de se constituer des bibliothèques. Le meuble lui-même est toujours présent, du plus beau style, mais il n'abrite, dans le meilleur des cas, que des encyclopédies à usage décoratif. Les ministres, ambassadeurs et autres caciques du parti dont j'ai eu l'occasion de visiter l'intérieur ne s'émouvaient guère de mon étonnement sur cette absence de livres. Pourtant, leurs nombreux salons, meublés en divers styles, offraient une large panoplie d'objets aussi rares que chers.

C'est sans doute avec la science puisée dans les quotidiens du parti qu'ils gèrent notre présent et conçoivent notre avenir !

Déçus par l'inconsistance du patrimoine suspect, mes visiteurs se rabattirent sur le bureau : une machine à écrire, un ordinateur, des carnets d'adresses et des relevés de comptes personnels. Ils furent sans doute surpris par tant de précision sur mes ressources et mes dépenses, surtout celles concernant la construction de ma maison. Pauvre bilan en tout cas pour un rezzou préparé pendant dix-sept jours et qui aura coûté très cher au contribuable.

Le succès psychologique était en revanche total. Ma femme, en descendante fidèle de Lella Fatma, la femme du Djurdjura qui prit la tête de la révolte algérienne de 1871, s'était obstinée à interdire à la meute l'entrée de la maison. Ayant cru longtemps en l'État de droit tant clamé par les médias, elle ne leur réclamait pas moins qu'une commission rogatoire émanant de l'autorité judiciaire. Devant la menace de se faire tabasser, elle dut battre en retraite, la mort dans l'âme. Quand j'entrai dans la maison, elle s'employait à refaire un ménage qu'elle avait déjà fait, de bonne heure comme à son accoutumée. C'était pour elle le seul moyen de garder son calme et d'éviter l'explosion.

Bilel, toujours traumatisé par son incarcération en août 1987, sa condamnation à vingt-six mois de prison et les humiliations subies à l'âge de quatorze ans pour une appartenance mythique au mouvement islamiste, se morfondait dans un coin, tenu en respect par un agent. Mais c'est Taher, deux ans et demi, qui me fit le plus de peine. Je ne l'avais pas remarqué en entrant à la maison. Mais, au moment du départ, je le vis prostré, le dos au mur, le regard vague. C'est à peine s'il continuait à respirer. A quelques pas de lui traînait le ballon qu'il avait dû lâcher à l'entrée en force des policiers.

« Tu n'as pas besoin de faire tes adieux et de dramatiser les choses. Tu vas revenir dans une heure ou deux, me lança le chef de la meute en me voyant serrer Taher dans mes bras.

— Bien sûr que je reviendrai. Même mort, il faudra bien qu'on me ramène chez moi un jour, mais cela ne m'empêchera pas d'embrasser mes enfants », lui répliquai-je.

La pédagogie de la terreur

Taher ne retrouva pas sa gaieté de sitôt. Quand je le revis deux semaines plus tard, j'eus peine à le reconnaître. Je l'observai attentivement, durant les quelques jours passés chez moi avant mon départ en exil. Il avait terriblement changé, et semblait avoir perdu de sa spontanéité et de son insouciance. C'était comme s'il avait vieilli de quelques années. Il était sûrement marqué pour toujours. Les enfants n'oublient jamais. Ce sont les adultes qui, par lâcheté ou par calcul, et souvent les deux à la fois, peuvent oublier.

Badis, l'aîné de mes enfants, prématurément promu au rôle d'héritier de la sagesse du terroir, ne sera pas moins marqué que le benjamin de ses frères. A vingt et un ans, en moins de trois semaines, ses cheveux virèrent au poivre et sel. Ce n'est pas une mince affaire, pour un fils, de voir le père qu'il prend en exemple humilié et torturé, sans pouvoir faire un geste pour le secourir et le défendre.

Mais c'était là la pédagogie de la terreur et de la dissuasion. Et les jeunes sympathisants, témoins du traitement réservé à leurs aînés, hésiteront beaucoup avant de s'engager dans une quelconque contestation du pouvoir. En fait, l'autorité coloniale n'avait pas agi autrement face aux mouvements de libération nationale. Quand elle n'a pas réussi à dompter les chefs politiques et spirituels par l'assimilation, la corruption ou la peur, elle les a tout simplement brisés et humiliés. Cela avait réussi à ramener le calme quelque temps. Mais quand un combat va dans le sens de l'histoire, qu'il se nourrit des valeurs éternelles de la vie, il renouvelle toujours ses cadres et innove ses méthodes.

Aujourd'hui, dans la solitude de l'exil, c'est autant à Taher qu'aux milliers d'enfants tunisiens de son âge que je pense. Des enfants que les « panthères noires » ont réveillés en sursaut et terrorisés au milieu de la nuit, à qui on a enlevé un père ou un frère sous la menace des armes et dont ils restent sans nouvelles durant de longs mois. Ainsi Imed, sept ans, Ali, six ans, et leurs plus jeunes frères doivent avoir sauté brusquement dans l'âge adulte depuis que leur père, le commandant à la retraite Salah Mansour, fut enlevé au milieu d'une journée de ce même printemps 1991 par des « inconnus », vers une destination inconnue. Dans la folie meurtrière de Beyrouth, leurs semblables s'étaient mués en redoutables miliciens.

Transfert

Mon passage à la DST à Sousse fut très bref. Tout juste une heure pour permettre au chef des lieux de mettre son fichier à jour et de préparer la voiture pour mon transfert.

Aussitôt le plein d'essence fait et les préposés à cette mission réunis, nous partîmes vers une destination inconnue. Mais je compris très vite, en passant devant la gare, que l'on se dirigeait vers Tunis. Au même instant, j'aperçus mon ami le docteur M. sur le trottoir du tribunal voisin. Je crus un instant trouver la bouée de sauvetage qui m'éviterait de sombrer anonymement dans l'inconnu. Je cherchais un témoin qui raconterait peut-être que j'étais passé par là. Je lui fis des signes de la main, dans l'espoir qu'il comprenne et qu'il informe les miens de ma destination. Mais il continuait impassible à scruter l'horizon, perdu dans ses calculs ou dans ses rêves.

Ce médecin ORL, d'origine modeste, eut le bon flair de choisir une spécialité dans laquelle il fut longtemps en position de monopole dans la région. On venait le voir des confins de la Libye et d'Algérie. Gagnant beaucoup d'argent, mais craignant toujours que ses enfants et petits-enfants n'en manquent un jour, il se lança dans des projets de construction de fastueuses résidences secondaires, tertiaires, etc., au point que ses soucis s'assimilèrent à ceux d'un entrepreneur du bâtiment. Quand le bâtiment va, tout va, et au diable le reste. Les Tunisiens opprimés, pourchassés, torturés, ce sont les autres, et qu'importe s'ils crèvent. Jusqu'à ce que, de proche en proche, des islamistes aux communistes, puis aux sans-parti, cela tombe sur la tête des simples « khobzistes », ceux qui n'ont comme idéologie que de trouver leur pitance quotidienne, leur pain, le *khobz.*

Les calculs ou les rêves de mon ami me firent perdre ainsi la dernière occasion d'alerter ma famille sur ma destination et de soulager ainsi son calvaire.

Un bref arrêt à Hammam Sousse, dont l'histoire retiendra qu'elle a donné naissance à Ben Ali, permit à mes trois accompagnateurs de s'approvisionner pour la route. J'en profitai pour m'acheter un bout de pain, du fromage et des yaourts.

Je voulais paraître aussi naturel que possible à mes gardiens et leur cacher ma profonde angoisse. Cela ne suffisant pas à me donner de l'appétit, je me contentai d'avaler un yaourt et fis mine de m'endormir. C'est le moment que choisit mon voisin pour engager la discussion avec moi. C'était plutôt un début d'interrogatoire, mais sur un sujet qu'il ne maîtrisait guère.

Je coupai court à la discussion et lui rappelai qu'ils avaient tout fouillé chez moi et saisi ce qu'ils avaient voulu. D'ailleurs, l'ordinateur était à mes enfants, lui dis-je, et les disquettes, dont l'absence l'inquiétait tant, étaient des jeux. Et je fis mine de m'assoupir de nouveau, tout en gardant un œil discret sur mes gardiens de devant. Le chauffeur me lançait régulièrement des regards interrogateurs dans le rétroviseur. Son voisin, sitôt son casse-croûte avalé, se mit à éplucher les quelques documents saisis dans ma bibliothèque. Mon voisin immédiat s'assoupit à son tour, rassuré : je n'entreprendrais rien qui gênerait son repos mérité. Dans un peu plus d'une heure, il me livrerait à ses supérieurs. Mission accomplie. Ce qu'on ferait de moi, ce que je serais dans un jour ou dans un an, lui était indifférent. On ne demande pas à un chauffeur-livreur de se soucier du sort des colis qu'il livre.

Bilan

Malgré mon profond désir de me reposer avant les épreuves que j'entrevoyais, je ne pus dormir. Je me livrai sans le vouloir à un bilan de ma vie. La vie toute simple d'un homme qui a toujours cherché la simplicité, essayé de passer inaperçu, et sans autre ambition, en fin de compte, que d'être soi-même, ce qui n'est pas de tout repos dans une société en pleine mutation, profondément perturbée, et où les valeurs se déprécient encore plus vite que la monnaie.

Un mariage d'amour qui a très bien réussi, bien qu'il ait fait grincer des dents à l'époque, des enfants bien rangés qui sont en train de prendre en charge leur vie, un plan de carrière tumultueux mais qui fait des envieux parmi les rangés de ma génération...

J'avais aussi mis un point d'honneur à acquérir et à conserver mon indépendance totale vis-à-vis des groupes politiques et une entière liberté de pensée et d'action par rapport à tout ce qui agitait la société tunisienne et musulmane depuis des générations.

Je me sentais comblé par le ciel. Cela n'avait pas été toujours simple. Et je me souviens avoir été en mauvaise posture quand, jeune étudiant au début des années soixante et héritier de la foi simple de mes parents, j'ai

57

dû être confronté aux dures réalités d'une société française, elle-même en pleine mutation. Je n'étais pas simplement en contact avec un autre niveau de développement économique et social, avec un autre âge technique, mais surtout avec de nouvelles valeurs humaines, une autre morale et une autre signification donnée à la vie. C'est à ce moment-là que j'ai commencé à réaliser le sens de l'affirmation prémonitoire d'Ernest Psichari, petit-fils de Renan, au début de ce siècle : « Jamais le musulman ne pourra vivre sereinement sa foi et assumer en même temps son époque. » En fait, si la foi était bien la sienne, héritée, assumée et enrichie, l'époque ne lui appartenait guère. Elle lui fut imposée partout où il se trouva, de Tanger à Bandoung, à coups d'expéditions militaires ou simplement par la corruption des esprits.

Certaines franges des sociétés musulmanes ont réussi à s'y adapter et à adopter la culture qu'elle véhiculait. Leur position dominante leur a donné l'illusion, dans l'euphorie de la culture développementiste, qu'elles avaient eu raison des dernières résistances à l'acculturation.

Les événements de la dernière décennie et les nouvelles forces qui y ont émergé prouvent que cela n'est pas aussi simple. Une société ne peut rien construire de valable et de durable en faisant table rase de son propre patrimoine culturel, si mal adapté au siècle soit-il. Et la négation du passé ne vaut pas plus qu'un attachement béat, sans la moindre critique ou remise en cause. Pour une société, les deux attitudes sont aussi suicidaires l'une que l'autre.

Pour un pays comme la Tunisie, héritier d'un riche et parfois glorieux legs culturel musulman, le rapport au passé et au patrimoine s'est traduit assez hâtivement, au lendemain de l'indépendance, par un acte de rupture. La rupture ne se fit pas seulement avec l'accessoire et le superflu, souvent anachroniques dans toute culture, mais d'une certaine manière avec le fondamental et le transcendantal. Avec Bourguiba, une nouvelle expérience de fausse laïcisation est entamée dans un pays musulman. Elle emprunte autant au laïcisme radical français de la fin du XIXᵉ siècle qu'à l'approche et à la démarche des soviets dans leur lutte contre le phénomène religieux et tout spécialement contre l'islam. Avec plus de trente ans d'écart et sans jamais faire l'effort nécessaire pour analyser et évaluer leurs expériences respectives, le pouvoir reproduisait en Tunisie une synthèse grossière des démarches de Mustafa Kemal en Turquie et de Sultan Galiev en Asie centrale soviétique dans la définition de la place de la religion dans la cité.

Mais le Tunisien, perdant ses vieilles certitudes et références, et ne trouvant nul point d'ancrage dans ce qu'on lui proposait, était tout simplement perdu. Les sacrifices qu'on lui demandait étaient trop lourds et de plus en plus injustifiés. La promesse d'un développement rapide et le rêve de la reproduction d'une Suisse en terre d'Afrique, dans lesquels on l'avait longtemps entretenu, se révélèrent tout simplement illusoires.

Il fallait s'attendre en toute logique à un retour de balancier et à voir resurgir les appels pressants à une révision des pratiques du pouvoir. Présentées comme une politique officielle en matière religieuse, ces pratiques, relevant essentiellement du fait du prince, n'avaient jamais constitué une véritable politique.

C'étaient là les prémices de ce qui sera, quelques années plus tard, le mouvement diffus de la « renaissance islamique ». J'en fus sûrement, dans ses débuts, moins qu'un initiateur ou un animateur, mais en tout cas plus qu'un simple observateur neutre. Ma position, à ce niveau, était d'une extrême simplicité.

J'estimais que l'islam, dans ses textes fondamentaux comme dans les faits, pouvait être un catalyseur énergique dans toutes les expériences de libération de l'homme et de résistance aux projets d'asservissement de masse.

Certains y ont trouvé et trouveront toujours le contraire et parfois les justifications canoniques aux rêves tyranniques les plus insensés. Et il n'est guère fortuit que pendant longtemps, les adeptes de culture musulmane, des idéologies communiste et capitaliste aient puisé dans les textes islamiques les arguments les plus solides en faveur de leurs thèses respectives et de la lutte idéologique qu'ils se sont livrée.

Il n'est pas non plus fortuit que les régimes les plus rétrogrades, en même temps que les mouvements les plus progressistes d'inspiration islamique, s'y réfèrent aujourd'hui. Cela est parfaitement normal tant est vaste et diversifié le champ d'interprétation du message islamique. Haydar Bammate, l'intellectuel afghan exilé en Suisse, nous révéla il y a déjà cinquante ans, dans *Visages de l'islam*, un ouvrage qui parut subversif à l'époque, un islam aux mille visages, mais toujours et éternellement Un. Mais l'interprétation et la lecture d'un texte ne valent que ce que valent leurs objectifs sous-jacents.

J'en étais en tout cas venu très tôt à croire, par mon héritage culturel, face aux défis de la vie quotidienne, mû aussi par le besoin de tout homme à la transcendance, qu'il me fallait m'accrocher quelque part. Certains de mes amis ont couru longtemps derrière l'illusion d'un communisme libérateur. D'autres se sont investis ailleurs. Pour moi, c'était tout simplement l'islam. Mais pas n'importe lequel.

Démocrate, musulman, inclassable : suspect !

C'était l'islam dans toute sa simplicité, découlant en droite ligne du message coranique, centré sur l'unicité de Dieu et le libre choix de l'homme. Tout le reste, c'est-à-dire la glose produite durant quatorze siècles par des générations de théologiens et recouvrant l'essence du message d'un voile opaque le rendant indéchiffrable, m'était totalement indifférent. J'étais en cela un fidèle partisan de la reconstruction de la pensée religieuse de l'islam prônée par le philosophe et poète indien Mohammed Iqbal (1873-1938), mais jamais entreprise.

Dans cette pensée, il y avait une place pour un dialogue franc et sincère avec les autres religions, longtemps négligées, sinon ignorées, par les penseurs musulmans. Mohammed Iqbal l'avait largement initié avec l'hindouisme dans lequel baignait toute la culture de la péninsule indienne. J'estimais qu'il revenait aux musulmans de la Méditerranée, Arabes, Berbères, Turcs et Européens notamment, de l'entreprendre avec le judaïsme et le christianisme au contact desquels ils vivent.

Quoique insuffisamment préparé par ma formation pour entreprendre ce dialogue, je m'y engageai longtemps et sans arrière-pensée ni désir de prosélytisme. Il s'agissait tout simplement de connaître l'autre, de l'accepter tel quel, dans toute sa différence, et de le respecter dans ses choix. Et c'était tant mieux si l'exemple que je donnais de ma foi vivante faisait des adeptes.

Trente ans plus tard, je ne garde de ces échanges que de bons souvenirs. Ils m'ont fait vivre une autre dimension de ma propre foi et découvrir des richesses insoupçonnées dans ma religion. C'est à travers eux notamment que j'ai connu le soufisme, longtemps tenu en suspicion en terre d'islam.

En politique, je m'étais rarement écarté de la ligne médiane qui fut la mienne par ailleurs, au point de paraître suspect à nombre de mes amis. Il leur était souvent difficile de me classer. Cela n'était pas une référence dans une société où tout homme est très tôt et définitivement étiqueté. Mais on m'accordera tout de même que je n'ai jamais accepté de me compromettre avec le régime de Bourguiba et que, sur plus d'un plan et à ma manière, je l'ai souvent combattu. Je ne manquais pourtant pas d'atouts pour réussir une carrière à son ombre. Certains de mes intimes me reprochent encore aujourd'hui mon manque d'ambition. Mais ils n'ont jamais compris à quel point j'ai toujours méprisé le mensonge et la médiocrité, et que cela m'interdisait tout compromis avec le Destour au pouvoir, même si c'était à lui qu'adolescent j'avais adhéré, emporté par le tourbillon d'un patriotisme tunisien en pleine gestation.

Ce passé, mon peu d'empressement à rejoindre son nouveau régime, à adhérer sans conditions à ses promesses de démocratie de décor et de liberté surveillée, et surtout mon action en faveur d'une reconnaissance de la mouvance islamiste, me rendirent très vite suspect aux yeux de Ben Ali.

La cuisine du général

Au début de 1988, le nouveau chef de l'État finissait de reconstruire son parti, en même temps qu'il restructurait son opposition. Il avait hérité de ce côté-là de quatre partis : le Mouvement des démocrates socialistes (MDS) d'Ahmed Mestiri, grand gagnant réel des élections largement truquées de 1981 et légalisé par la suite ; le Parti de l'unité populaire (PUP) de Mohammed Belhadj Amor, légalisé lui aussi à la même époque, pour barrer la voie au Mouvement lui aussi unitaire et populaire (MUP) d'Ahmed ben Salah ; et enfin un Parti communiste réhabilité en 1980, après une longue interdiction (1961). Mais ces partis ne correspondaient pas à la diversité des options et courants politiques exprimés dans la société. De nombreux courants idéologiques, présents à travers des mouvements clandestins plus ou moins tolérés, attendaient d'être reconnus et légalisés. Il en était ainsi d'une sensibilité gauchiste, d'une autre libérale, d'une nationaliste arabe et d'une islamique avec toutes les nuances intermédiaires. A chacune des trois premières, il donna, en même temps que la licence du fonds de commerce, un leader portant le label maison infalsifiable.

Aux partisans de l'unité arabe, il donna ainsi l'Union démocratique unioniste (UDU), mais surtout un homme, Abderrahmane Tlili, fils d'un prestigieux syndicaliste, Ahmed Tlili. Le jour où la radio annonça, aux informations de 13 heures, la naissance de « son » parti et sa nomination à sa tête, Tlili était encore membre du comité central du parti destourien et P.-D.G. de l'Office de l'huile. Mieux encore, il n'avait pas été prévenu de la décision présidentielle et ne crut guère l'ami qui l'en informa. Mais c'est une bonne chose quand même, déclara-t-il, puisque le prétendant au titre, maître Béchir Essid, avait été écarté.

Mais Essid n'était pas de ces *zaïms* (leaders) de pacotille qu'un pouvoir fait et défait à sa guise et selon l'humeur du jour. Fervent militant de l'unité arabe — que la Tunisie bourguibienne ne découvrit qu'à l'occasion de la guerre d'octobre et du choc pétrolier de 1973 —, il n'était assurément pas homme à se laisser faire. Pour l'écarter définitivement de la vie politique, la police lui donna l'estocade qui le mit K.O. pour de longues années.

Cela se passa en deux temps. Il fut d'abord agressé dans son propre bureau par trois agents des Services spéciaux, les *Ss*. Deux jours plus tard, un jeune homme vint lui proposer ses services. Il pouvait tout faire, du secrétariat à la protection rapprochée. Pour convaincre Essid, il exprima sa foi dans les idéaux de l'arabisme chers à l'avocat. Le recrutement se fit séance tenante, sans même les précautions d'usage.

Deux jours suffiront à la taupe des *Ss* pour confectionner, à l'insu de l'intéressé, le tract diffamatoire qu'on pourra, sans difficulté, attribuer à Essid, puisque réalisé avec le matériel de son bureau, de la machine à écrire à la photocopieuse.

Dans le procès qui condamna maître Essid à quatre ans de prison, le « secrétaire-chauffeur-garde du corps-militant arabe » fut le témoin à charge. Il fut ensuite l'un de ses tortionnaires, bien plus tard en prison, lors de la confection de la désormais traditionnelle cassette vidéo commandée par Ben Ali pour assouvir ses vils instincts.

Malgré son long calvaire, Béchir Essid fut, au lendemain de sa libération en 1993, l'un des premiers avocats à se porter volontaire pour défendre les animateurs et membres du Comité national de défense des prisonniers d'opinion (CNDPO), incarcérés à leur tour le 2 février 1993 (et relâchés depuis).

Le Rassemblement socialiste se forma, de son côté,

autour de maître Néjib Chebbi et sous l'œil vigilant de la police. On n'est jamais sûr d'un homme mêlant nationalisme arabe et socialisme, et longtemps rebelle à tout contrôle du parti au pouvoir.

Les libéraux ont eu comme il convient la boutique et le vendeur, en la personne de maître Mounir el-Beji, croyant avec la conviction du néophyte aux vertus du libéralisme ambiant... des souks. Mais, pour plus de sécurité, le ministère de l'Intérieur lui imposa dans son bureau politique un homme de toute confiance, le commissaire de police Soufiane Makhloufi.

Ceux qui furent déboutés de leur droit de s'associer étaient encore plus nombreux. Ainsi, le Parti maghrébin n'a jamais vu le jour, malgré l'assiduité avec laquelle son leader, Chadly Zouiten, fit le siège du ministère de l'Intérieur. Zouiten ne constituait pourtant pas une menace pour le pouvoir. Les Tunisiens l'avaient connu en 1975, quand il avait exprimé son désir de se présenter à l'élection présidentielle, dans un geste, alors rare, de défi à Bourguiba, qui s'apprêtait à se faire sacrer président... à vie. Zouiten avait retiré de son geste intrépide une certaine gloriole, mais surtout, dans une population blasée, la réputation d'être à moitié fou.

Le Parti du travail et de la justice, lui non plus, ne vit jamais le jour. Son leader, Khlifa Abid, un syndicaliste de la première heure, avait pourtant tout fait dans les règles. Son dossier administratif était en béton, tout comme l'étaient ses chances de drainer dans son sillage une mouvance syndicale, certes apprivoisée, mais comportant encore de grosses poches de résistance. Dans son cas, l'administration, par omission ou mépris, ne prit même pas la peine de lui notifier son refus dans les délais réglementaires, ce qui lui fit croire pendant des mois que sa formation était légalisée. Il le cria sur tous les toits, sans jamais prendre le risque, cependant, d'agir en leader de parti, fin calculateur qu'il était, à l'image de tous les politiciens produits par l'ère bourguibienne.

Quant au POCT (Parti ouvrier communiste tunisien), dont le leader Hamma el-Hammami sera condamné à huit

ans et demi de prison en février 1994, il fut aussi
débouté, mais sera toléré, et même soutenu, pendant une
certaine période par le nouveau régime qui lui permettra
de mener sa petite guerre contre les islamistes. Une fois
la répression contre ces derniers bien engagée, il sera
réprimé à son tour.

Mais la mise en coupe réglée du monde politique et
de la société civile n'aurait pas été complète sans une
prise de contrôle du milieu syndical. Il fallait s'assurer
de la « bonne conduite » de l'UGTT (Union générale des
travailleurs tunisiens), la plus ancienne confédération syndicale d'Afrique, illustre pour son long combat pour
l'indépendance et ses luttes pour la justice sociale.

Ben Ali avait eu l'occasion de faire ses classes comme
stratège antisyndical à... Varsovie de 1980 à 1984. Démis
de ses fonctions de directeur général de la Sûreté, suite
à son incurie notoire face à l'attaque de Gafsa en janvier 1980, il avait alors été nommé ambassadeur en
Pologne, où la Tunisie n'avait pas eu d'ambassade
jusqu'alors. Spécialement créée pour lui, sur recommandation de Washington, cette ambassade servira entre
autres d'officine aux services américains alors engagés
dans le processus qui devait conduire à la chute du
régime polonais. Il avait pu ainsi suivre de près la lutte
engagée par le général Jaruzelski contre le syndicat Solidarité. Il saura en tirer profit après sa propre prise de
pouvoir, pour appliquer à l'UGTT la stratégie du ver dans
le fruit. C'est de l'intérieur, par la corruption des uns,
l'intimidation des autres et l'emprisonnement des irrécu-
pérables qu'il fit main basse sur la centrale syndicale. La
nomination de Smaïl Sahbani à sa tête en 1989 a fini par
apprivoiser le syndicat pour longtemps.

Irrécupérable

Les islamistes, pour leur part, demeuraient sans structure, et nombre de leurs leaders étaient en prison. L'échiquier politique de la Tunisie nouvelle n'était pas encore

complet, et ce n'était pas faute de candidats. C'est alors que j'eus la « surprenante surprise » de me voir proposer de prendre la tête de leur parti.

L'intermédiaire bien intentionné qui avait été chargé de me transmettre la proposition n'en revint pas quand je lui répondis que cela ne m'intéressait pas, que je ne l'avais jamais envisagé et que je m'étais interdit de mêler l'islam à la politique. J'avais exprimé clairement mon opinion à Rached Ghannouchi sept ans plus tôt, en 1981, quand il avait annoncé la naissance du Mouvement de la tendance islamique. Pour moi, c'était l'erreur de sa vie. On ne peut engager impunément l'islam dans une lutte pour le pouvoir, quand il avait surtout besoin, pour entamer son retour au monde et sa renaissance à l'histoire, d'une autonomie vis-à-vis des pouvoirs temporels. J'avais toujours à l'esprit la pénible démarche de cheikh Ibrahimi, un des fondateurs du Mouvement des ulémas algériens, auprès du président Ahmed ben Bella en 1963, pour obtenir une garantie de l'autonomie du culte. Et c'est bien plus tard, quand je me rendis compte de l'étendue du désastre fait à l'islam par l'utilisation qu'en font les gouvernants, tous sans exception, que je compris toute la sagesse de la démarche du cheikh.

J'admettais néanmoins que ceux qui ont fait ce choix, qui l'ont payé souvent très cher et qui se trouvaient à l'époque en prison aient gain de cause. Je conseillai donc de libérer Ghannouchi et ses nombreux amis, et d'entamer avec eux les négociations qui régleraient définitivement ce problème.

La lettre-fleuve que j'adressai à Ben Ali au début de 1989 puis ma participation aux élections législatives de la même année et les résultats que son administration dut me concéder à son corps défendant finirent par le convaincre que j'étais irrécupérable. Pour lui, ceux qui ne lui font pas acte d'allégeance, en se déclarant à cor et à cri avec lui, sont contre lui. Mais peut-on vraiment lui en vouloir ?

J'avais pourtant voté et fait voter pour lui comme candidat à l'élection présidentielle qui s'était déroulée simultanément, et les 20 600 voix de ma liste pour les législatives s'étaient sûrement portées sur son nom pour la présidentielle. Je n'en estimais pas moins que sa candidature unique à la présidence était un acte de piraterie, semblable, mais avec plus de gravité, à celui du mouvement Ennahdha sur les listes indépendantes. Mais j'avais fait mon choix en toute responsabilité, sans attendre le moins du monde ses prébendes et surtout sans éprouver de crainte.

Pour Ben Ali, je constituais une énigme que, en policier qui se respecte, il se devait d'élucider. Il fut même conforté dans ce sentiment par son ambassadeur à Vienne Habib Ammar, qui me décrivit comme le plus proche collaborateur de Ghannouchi, donc aussi un homme à abattre. Dans son esprit, je devais être quelque chose comme la façade libérale du mouvement Nahdha, sinon sa taupe dans la société civile. D'ailleurs, il ne manquait pas d'éléments dans mon dossier des Renseignements généraux pour accréditer cette thèse.

Déjà au cours de l'été 1987, me voyant échapper à la grande répression des islamistes, de nombreux « honnêtes » destouriens m'avaient dénoncé à la police par lettre anonyme, comme il se doit en pareil cas. Le député maire de ma région, Taieb Akik, plus sûr de lui et courageux tant qu'il avait l'immunité parlementaire, me présentait comme... « l'ayatollah Zorro » ! Il n'a pas réussi à me faire arrêter, mais n'a eu aucun mal à faire écoper à mon dangereux boy-scout de fils, Bilel, vingt-six mois de prison !

La cité interdite

Un arrêt brusque de la voiture me fit sortir de mes rêveries rétrospectives. Un camion semi-remorque barrait la route de tout son long. C'était juste un accident de la circulation, comme il y en a tous les jours. Des routes défoncées, une mauvaise signalisation, un parc automobile en croissance exponentielle ont fait de la Tunisie l'un des premiers pays au monde par le taux d'accidents par habitant. Quelques mois plus tard, elle battra un autre record : celui du taux des prisonniers politiques, et même en valeur absolue, de 8 000 à 30 000 selon les sources, pour une population de huit millions et demi d'habitants. Avec ses 55 millions d'habitants, la France a une population carcérale de moins de 50 000 détenus, des droits communs bien sûr, dont une bonne partie d'étrangers.

Le chauffeur réussit à s'ouvrir un passage. Nous étions déjà à La Cagna et, dans moins d'un quart d'heure, je serais livré à mes tortionnaires. L'idée me fit sursauter et j'essayai de réfléchir à la manière dont je serais traité, à ma réaction au premier choc, à ma défense aussi.

Et si toutes mes craintes n'étaient guère fondées et que tout ce que l'on racontait sur la torture n'était que pure affabulation ?

Et puis, que peut-on me reprocher au juste ? Le fait d'être resté un non-conformiste, jaloux de mon indépendance, hostile à tout embrigadement, ne constitue tout de même pas un délit ? Enfin, à cinquante ans, avec ma situation sociale, mes relations au plus haut niveau, de solides amitiés au pouvoir et ailleurs, qui pourrait se risquer à me manquer de respect ?

La voiture longeait déjà le ministère de l'Intérieur et s'engouffrait dans la cité interdite, qui n'a rien à voir avec son homologue pékinoise de la dynastie des Ming, ni avec une *casbah*. Ici, ni remparts, ni tours de garde, ni meurtrières. La cité interdite de Tunis, c'est l'ensemble composé du bâtiment central du ministère de l'Intérieur et de ses nombreuses annexes dans les rues voisines. C'est une zone aux contours imprécis, extensible à merci. La circulation automobile et piétonne y est réglementée, et c'est toujours la peur aux tripes que le commun des mortels y pénètre, tant ces lieux symbolisent l'arbitraire depuis des décennies.

Peu de gens s'y risquent, sauf par hasard ou par nécessité. Parmi ceux qui le font, neuf sur dix appartiennent à la maison. C'est le Quartier latin de la police, avec ses docteurs ès tortures, ses maîtres en coups fourrés, ses bureaux de manipulation de l'information et de truquage des élections, ses laboratoires souterrains d'expérimentation des techniques de pointe de l'interrogatoire. Depuis des générations, c'est le combinat le mieux géré, le plus structuré et le plus performant de la Tunisie moderne.

La voiture s'arrêta devant un immeuble de la rue Bouzaïane. Renseignement pris, ce n'était pas la bonne adresse et on ne nous y attendait pas. L'agent parti aux nouvelles revint chuchoter quelques mots à l'oreille de son collègue et nous repartîmes pour un second tour en ville.

Nous ne fîmes que quelques centaines de mètres, tout juste le tour du pâté de maisons. « Le nouveau plan de circulation de Tunis est tout simplement une aberration », déclara le chauffeur en s'arrêtant enfin. Mes trois compagnons descendirent de voiture. L'un d'eux s'éclipsa dans la foule, tandis que les deux autres se mettaient en faction, chacun d'un côté de la voiture.

La « livraison de Sousse »

Au bout d'un instant, on me fit descendre. C'était la bonne adresse. A trois, ils m'escortèrent jusqu'à l'entrée d'un immeuble anodin. Aucun signe particulier, aucune inscription sur le fronton, rien qui indiquât le siège d'une quelconque administration. La Tunisie était pourtant dotée depuis quelques années d'un ministère du Domaine de l'État ayant à sa tête un général, Bouaziz, tellement jaloux de ses prérogatives qu'il fit affecter un numéro d'immatriculation à chaque chaise payée sur fonds publics, fût-elle inutilisable.

Mon regard chercha parmi les passants un visage connu. C'est toujours rassurant d'être vu par quelqu'un, une connaissance ou un ami, avant de sombrer dans l'inconnu. Personne en vue ! Pourtant les lieux me sont très familiers. La veille encore, j'étais à deux pas de là, chez un ami. Un autre a ses bureaux juste en face. Et dire que je n'ai jamais soupçonné une présence si proche de la police politique ! Peut-être parce que l'immeuble était à moitié clos ?

Une forte pression sur le bras me fit pénétrer dans un couloir sombre, au fond duquel se tenait un agent en uniforme, mitraillette au poing, adossé à une porte blindée. Une petite table et un tabouret meublaient les lieux.

L'un de mes gardes échangea quelques mots avec l'agent, qui décrocha le téléphone fixé au mur et composa un numéro : « C'est la livraison de Sousse », annonça-t-il.

La lourde porte s'ouvrit au bout d'un moment. Un homme sortit, un dossier à la main. Le policier en faction l'informa que nous étions le groupe de Sousse. A son tour il téléphona, ordonna à mes gardiens de me faire monter, puis sortit, l'air pressé.

La porte blindée s'ouvrit de nouveau. Nous fîmes quelques pas dans un couloir puis empruntâmes l'escalier de droite. Nous montâmes les deux étages de l'immeuble, qui était au moins aussi haut qu'un immeuble de trois étages aux nouvelles normes de construction. Je n'eus pas le temps d'admirer la beauté de la faïence qui ornait le mur jusqu'au plafond. L'obscurité m'en cachait les motifs et puis le cœur n'y était pas du tout. En dehors de quelques rares maisons de la Médina, bien conservées par leurs riches propriétaires ou prises en charge par la municipalité, on ne doit pas rencontrer beaucoup de ces faïences. Leurs imitations sont en revanche très courantes.

L'escalier débouchait au milieu d'un couloir fermé à chaque extrémité par une porte. Devant celle de droite se tenait un agent en tenue, mitraillette au poing. Son accoutrement martial cachait mal ses traits d'enfant. Sa présence me redonna un peu de confiance. Avec lui, l'État était encore présent. Sans doute prévenu de notre arrivée, il fit signe à l'un de mes gardiens de frapper à la porte de gauche. Un autre agent apparut entre la rampe d'escalier toute proche et moi, puis me saisit par le bras. On ne sait jamais : porteur de secrets de la plus haute importance, j'aurais pu vouloir me lancer dans le vide.

J'entendis un grand remue-ménage derrière la porte. Des ordres secs donnés à haute voix : « Rentrez dans vos bureaux, fermez les portes ! » Mais quand la porte s'ouvrit enfin, il y avait encore beaucoup de monde dans le corridor. « Au moins, on est bien reçu ici », me dis-je.

Leur mission accomplie, mes accompagnateurs repartirent aussitôt chercher dans la voiture le butin de l'opération. J'étais déjà pris en charge par mes nouveaux hôtes.

4

Poulet rôti

Je fus introduit dans la première pièce à droite. Le lieu me parut bien grand, tant il était vide. Il y avait juste un bureau en formica et une chaise dans un coin. Une porte masquait un placard. Il y en avait toujours eu dans les maisons traditionnelles avant l'apparition des meubles, à la faveur de l'indépendance et de l'émergence de la nouvelle bourgeoisie tunisienne, aux goûts marqués pour le mode de vie occidental. Actuellement, on en fabrique dans les villages les plus reculés et, souvent sans le savoir, dans les styles de toutes les époques. Aucune mariée n'accepterait aujourd'hui de quitter la maison paternelle sans avoir acheté, souvent à crédit, la chambre à coucher, le salon et la salle à manger. Certains fortunés et de nombreux hommes du pouvoir — ce sont souvent les mêmes, chez nous — en font venir d'Europe et d'ailleurs pour meubler leurs petits palais.

En 1986, interprétant à sa façon le *hadith* du Prophète exhortant les musulmans à rechercher la science même en Chine, Mezri Chkir, alors ministre de la Réforme administrative, commanda des meubles dans l'empire du Milieu. Sa modeste cabane, construite à proximité du

73

palais de Carthage sur un terrain non constructible offert par Wassila Bourguiba (alors épouse du chef de l'État), bien qu'appartenant à la municipalité, méritait tout de même cette petite folie.

Malheureusement pour lui, les meubles, arrivés quelques semaines après sa disgrâce, furent vendus aux enchères semi-publiques à l'aérogare de fret de Carthage. La vente du premier conteneur rapporta 160 000 dinars. Pour limiter le scandale, la présidence différa la vente du second conteneur. Ce ministre s'était illustré non seulement par son incompétence hors pair, mais aussi par sa compassion pour les plus démunis. Lors de la révolte du pain en 1984, il lança aux affamés : « Privez-vous donc du gâteau (*khobza gatou*), vous pourrez vous payer le pain ! » Il faut préciser que cet ancien moniteur de colonies de vacances, audacieux mais pas téméraire, avait choisi d'affronter la foule en colère... à la télévision.

Le 7 novembre 1987, quelques heures après s'être assuré de la réussite du coup d'État, notre amateur de meubles chinois débarqua à Tunis pour sauver les meubles du second conteneur. Mais les jeunes loups du nouveau régime s'étaient révélés plus voraces et plus rapides que lui.

Comité d'accueil

La pièce était glacée et sentait le renfermé, mais l'accueil fut très chaleureux. Il ne manquait que la télévision. Je fus bien entouré. Même le photographe était là. Il m'immortalisa sous tous les angles, de profil et de face. Dommage qu'il ne m'ait pas laissé le temps de soigner ma présentation et de faire un brin de toilette. Mais après tout, je n'avais pas à me plaindre, c'était gratuit et pour un usage limité.

Le photographe parti, un homme entra dans la pièce, du papier et un stylo à la main. Aussitôt, ses compagnons, jusque-là très discrets, se mirent à me fouiller. Sur l'injonction de l'un d'eux, je me défis de ma ceinture et l'on passa à l'inventaire de mes poches, de mon porte-feuille et de mon porte-monnaie : tant de dinars tunisiens, tant de francs burundais, tant de francs français et une alliance. Je revenais du Burundi, au service des Nations unies. Un voyageur garde toujours quelques billets et de la menue monnaie des pays qu'il traverse. En citoyen honnête et conformément à la loi tunisienne, je ne pouvais pas garder de devises étrangères. J'aurais dû par ailleurs prendre exemple sur le président, qui n'a pas hésité un instant à retourner à la Banque centrale les quelques dollars qu'il avait rapportés de son voyage officiel aux États-Unis d'Amérique. Ce fut à grand renfort de publicité, et les journaux n'en finirent pas de disserter sur la rectitude, l'honnêteté et le patriotisme d'un chef hors du commun. Curieusement, ils ne dirent pas un mot des sommes faramineuses que Moncef Ben Ali, le frère stupéfiant, avait rapatriées à des fins de blanchiment, en attendant de les renvoyer à l'étranger avec leurs « petits ».

Mais l'inventaire, j'avais déjà vu cela des centaines de fois au cinéma. La police ne laisse rien au hasard et tout me sera rendu par la suite, à ma libération, avec un petit bilan comptable. On m'avait acheté des cigarettes et des médicaments. Le compte sera bon. J'avais laissé tout juste ma dignité. Mais elle ne figurait pas dans le livre comptable.

Aussitôt la fouille terminée et le butin mis au dépôt, je fus introduit dans le vaste bureau du maître de céans. Il m'invita courtoisement à m'asseoir.

« Asseyez-vous là, Si Ahmed », me dit-il affablement en me désignant l'un des fauteuils. Lui-même quitta son bureau pour venir s'asseoir en face de moi.

« Décidément, on ne peut être plus correct », me dis-je. Pas même la distance que tout bureaucrate qui se respecte se doit de garder avec le commun des administrés pour marquer sa position.

« Écoutez, Si Ahmed, me dit-il courtoisement, nous avons des informations sur des réunions et des contacts à l'étranger et en Tunisie auxquels vous êtes mêlé et que

nous voudrions vous voir confirmer. Dès que vous aurez répondu à nos questions, vous pourrez rentrer chez vous.
— Monsieur le directeur, je n'ai rien à vous cacher, lui répondis-je. J'ai toujours agi dans la légalité et la transparence. D'ailleurs, vous auriez pu vous éviter tant de peine et à moi cette humiliation en me convoquant le plus simplement du monde.
— Très bien, on va voir ça », me dit-il en faisant signe à l'un de ses adjoints de me reconduire dans la première pièce. Quelques instants plus tard, il m'y rejoignit, se fit apporter une chaise et me fit signe de m'asseoir face à lui, de l'autre côté de la table.
« Je voudrais connaître votre conception de la démocratie, me lança-t-il.
— Avec plaisir, lui rétorquai-je. Pendant des années je n'ai fait qu'expliquer cela et j'ai exprimé mes idées dans de nombreux articles en arabe, en français et en anglais, publiés dans les journaux de la place et à l'étranger. Pour me résumer, la démocratie est pour moi le régime politique où une majorité, issue d'élections libres, a le devoir de gouverner, et où une minorité, quel qu'en soit le taux de représentativité du corps électoral, a le droit d'exister, de s'exprimer librement et de prétendre un jour gouverner le pays. C'est tout simple. »
Je sentis que mes propos le froissaient un peu. Il faillit couper court à la discussion, mais se ressaisit et me lança la question piège à laquelle tous les adeptes de la dictature à travers le monde croient avoir trouvé la réponse adéquate : « Est-ce que vous croyez que le peuple tunisien est capable de gérer un tel système sans sombrer dans le chaos et la guerre civile ?
— Écoutez, monsieur le directeur, lui dis-je, franchement, j'aurais été nuancé dans ma réponse il y a trois ou quatre ans. Mais depuis les élections d'avril 1989, je suis catégorique. Les Tunisiens, autant que tout autre peuple, sont capables de cela. J'ai sillonné le gouvernorat de Monastir durant quinze jours d'une intense campagne électorale, tenu des meetings partout, dans les villes et les campagnes, fait du porte-à-porte, défié mes adver-

saires à travers la presse. Je n'ai jamais été dérangé ni
inquiété par qui que ce soit. Nos réunions ont rassemblé
des milliers de personnes dans certaines localités et
jamais, alors que le parti au pouvoir était complètement
battu, il n'y a eu le moindre dérapage. D'ailleurs, vous
êtes très bien placé pour savoir tout cela ! Puis, le jour
du scrutin, alors que mes amis étaient partout provoqués,
nos observateurs expulsés sans ménagement des bureaux
de vote et parfois battus, que la force publique intervenait
partout pour orienter le vote des citoyens, nous avons
jugé qu'il valait mieux accepter cela que de voir les
Tunisiens s'entretuer.

« Quant aux résultats, vous savez comment et à quel
niveau ils furent manipulés, et avec quel esprit nous les
avons acceptés. C'est sûrement là notre plus grave erreur.

« Pour moi, ces élections furent le test magnifique de
la capacité des Tunisiens à se respecter et à s'accepter
dans leurs différences mutuelles, et c'est cela la démocratie. Dommage que certains n'aient pas compris le message. D'ailleurs et franchement, pourquoi croyez-vous
que le changement du 7 novembre a été si bien accueilli
par les Tunisiens unanimes ? C'est essentiellement pour
la déclaration qui leur fut faite ce jour-là et qui leur
reconnaissait une dignité longtemps bafouée, une aptitude
à vivre libres dans leur pays et à choisir souverainement
leurs représentants, pour la première fois dans leur histoire. Ce n'est pas pour autre chose… »

J'allais dire que ce n'était pas pour les beaux yeux de
Ben Ali, mais cela aurait été du lèse-majesté, et ce en
présence du chef des janissaires !

Les traits crispés, le visage livide, mon interlocuteur
se contorsionnait sur sa chaise. « Ah bon, on va voir
ça ! » Il quitta la pièce. Quelqu'un venait de l'appeler.

Un autre prit sa place. Mince et élancé, il avait juste
la trentaine et était habillé avec une certaine élégance.

Tant que je dissertais sur ma conception de la démocratie, il resta de glace, attendant son moment.

Comme des chiens

« Écoute-moi, me dit-il, notre travail, c'est de réunir des informations. Certaines nous parviennent le plus simplement du monde et nous cherchons les autres auprès de ceux qui les détiennent. Qu'ils acceptent de nous les livrer et nous leur garantissons la sécurité et le respect. Qu'ils refusent et ils se voient traiter comme des chiens. Alors, si tu acceptes de collaborer avec nous et de nous dire tout, tu repartiras ce soir chez toi, par voiture spéciale. Nous inventerons quelque chose, un problème de passeport par exemple, pour faire taire les mauvaises langues. Mais si tu refuses, il faudra t'en prendre à toi-même pour ce qui va t'arriver. »

Je n'en revenais pas, mais c'était très clair.

« Mais je n'ai rien à vous dire, et d'ailleurs, à quelle question voulez-vous que je réponde ? »

J'essayais de paraître normal, de garder mon sang-froid. Au fond, j'étais complètement désarçonné. Je dis adieu à la dissertation sur la démocratie. Il me fallait être plus pragmatique, plus inventif et sans doute plus terre à terre pour affronter une situation que je n'avais jamais eu à imaginer auparavant.

Comme pour appuyer ses dires et alors que je m'attendais à la poursuite des palabres, l'homme me lança une gifle, puis une autre, puis d'autres encore, me cracha à la figure et se leva.

« Chien, tu n'as rien à dire, tu vas voir dans un instant », dit-il en quittant la pièce.

En temps normal, je n'aurais eu aucun mal à briser les reins de mon agresseur. A première vue et à moins qu'il fût l'adepte d'un quelconque art martial, il ne faisait pas le poids face à moi. Mais en pareille situation, la victime est toujours battue d'avance. Sans même envisager les représailles à une quelconque action d'autodéfense, la défaite est consommée au plan psychologique. C'est, semble-t-il, un comportement général des victimes de la torture face à leurs bourreaux, même si certaines pourraient ne faire d'eux qu'une bouchée.

Du fond de son bureau, le chef intima l'ordre à ses agents de m'amener. Aussitôt dit, aussitôt fait. L'homme, si prévenant il y a quelques instants, s'était transformé en charretier. En Tunisie et sans qu'ils le méritent toujours, les charretiers, aujourd'hui presque disparus, ont la réputation d'avoir le langage le plus ordurier qui soit.

La lettre

Assis derrière son bureau, les lunettes sur le bout du nez, Si Hammadi — c'est ainsi que ses collaborateurs l'appelaient — lisait un papier à haute voix. Je reconnus au premier coup d'œil le brouillon d'une lettre que je destinais deux ans plus tôt à l'ancien Premier ministre Mohammed Mzali. Ce dernier m'avait contacté par l'un de ses amis et m'avait proposé son soutien à ma liste électorale si je m'engageais à réclamer le retour des exilés politiques. C'était pour toute l'opposition une revendication de principe et une condition d'une réelle démocratisation de la vie politique. Quoique je n'eusse aucune sympathie pour son action antérieure et pour sa gestion des affaires de l'État, je l'avais assuré, tout en lui rappelant ma position, que le retour de tous les exilés constituerait un thème central de notre campagne. J'ai tenu ma promesse au-delà des attentes de ses amis et sans contrepartie aucune. Lesdits amis avaient collectivement cédé aux menaces du gouverneur et voté massivement en faveur du parti au pouvoir.

« Ainsi donc, tu projetais de tuer le RCD dans l'œuf et dans son propre fief ? Fils de chien ! A qui donc était destinée cette lettre, salaud ? » Il paraissait fou de rage.

La lettre ne portait pas le nom du destinataire, mais le titre de Premier ministre y était cité trois fois. Depuis l'indépendance, six hommes l'avaient été : Hédi Nouira, Mohammed Mzali, Rachid Sfar, Ben Ali, Hédi Baccouche et Hamed Karoui. Ce dernier, ainsi que Sfar et, bien sûr, Ben Ali, étaient exclus comme possibles destinataires, ainsi que Nouira, malade et retiré de toute vie politique.

« Elle était destinée à Hédi Nouira », lui répondis-je, dans une vaine tentative de cacher mes récents contacts avec l'exilé de Paris.

« Ah bon ! Hédi Nouira ! Allez, emmenez-le et préparez-le », lança-t-il à ses agents. Aussitôt, et avant même que j'atteigne la pièce, la ratonnade commença. Les coups pleuvaient de toutes parts. Mais ce n'était là que le hors-d'œuvre.

« Déshabille-toi, chien, on va t'en faire bouffer, du Nouira ! Tu vas en baver et adieu les Nations unies, adieu la famille », renchérit un autre. Je m'exécutai, marquant un arrêt au niveau du caleçon.

« Enlève tout ! » cria l'un des agents, soulignant son ordre par des claques. J'obtempérai aussitôt et reculai dans un coin pour éviter les coups. Un reste de pudeur me fit baisser ma garde pour cacher mon intimité. Mais les gifles eurent vite raison de ma timidité et je me résignai à protéger mon visage.

Le chef nous rejoignit au bout de quelques minutes. Il s'était débarrassé de sa veste et avait dénoué sa cravate. Il donna l'ordre d'ouvrir la fenêtre. Un courant d'air glacial pénétra dans la pièce.

« Mets-toi à genoux », m'ordonna-t-il. Je le fis. « Non ! Face à la fenêtre et redresse-toi ! Prends la chaise avec une main et gare à toi si tu plies le bras ! » Je m'exécutai sans broncher, avec un automatisme total. « Alors, à qui était adressée la lettre ?, demanda-t-il encore une fois.

— A Hédi Nouira, répétai-je sans grande conviction. Pourquoi refusez-vous de me croire ? ».

Au fond, la lettre aurait pu avoir été adressée à Nouira. Il n'y avait dans son contenu rien de spécifique à la situation de Mzali et Monastir, leur ville d'origine commune, y était citée, ce qui excluait qu'elle eût pu avoir eu pour destinataire Baccouche, Premier ministre de Ben Ali et originaire, comme ce dernier, de Hammam Sousse.

« Non, elle était destinée à Hédi Baccouche, renchérit un autre. Reconnais-le, chien ! » Au même moment, l'un d'eux me jeta un verre d'eau à la figure. « Pour te rafraîchir la mémoire », commenta-t-il.

Je tremblais de tout mon corps. Mon bras pliait sous le poids de la chaise. L'exercice, auquel je me livrais allégrement tout jeune, m'était devenu une épreuve insupportable au bout de quelques minutes. Mais pas question de la lâcher : on me l'aurait cassée sur la tête. « Lève-toi donc, c'est de la rigolade tout ça, on va passer aux choses sérieuses », me lança Hammadi, qui ordonna à ses agents d'apporter le « matériel ».

Les « choses sérieuses »

Deux d'entre eux se retirèrent et revinrent après quelques secondes. Le matériel était dans la pièce voisine, à portée de main. Une seconde table fut placée parallèlement à la première, à une distance de cinquante centimètres, puis une barre de fer d'un diamètre respectable fut posée en travers des deux tables. Une autre barre, en aluminium, de section triangulaire et assez tranchante, fut posée sur l'une des tables. L'idée qu'on allait l'utiliser pour me frapper me donna des sueurs froides. Tout ce petit monde, un instant plus tôt aux petits soins avec moi, s'affairait maintenant autour de l'échafaudage, dans le souci manifeste d'élaborer un chef-d'œuvre de technique. Ce bref répit me donna l'impression d'avoir été oublié. Mais les dernières touches données, on se souvint que j'étais là.

« Assieds-toi sur le bout de l'aluminium », m'ordonna-t-on, quand la barre fut disposée en travers des tables. Je le fis sans rechigner. Mes pieds touchaient le sol. Je crus un moment que c'était tout. Je fus vite détrompé.

« Pose les pieds sur la barre de fer et lève les mains en l'air, fils de chien ! »

A mon âge et avec mon corps décharné, il fallait être un acrobate pour garder l'équilibre, en reposant ainsi avec les fesses sur une barre et les tendons d'Achille sur l'autre. Je sentis la lame de l'aluminium me traverser la peau. Les questions fusèrent de tous côtés. Chacun avait la sienne et exigeait une réponse précise et rapide. Je me tortillais, cherchant la position la moins pénible possible. J'y parvins au bout d'un instant en me positionnant sur la partie la plus charnue du derrière. J'en ressentis un profond soulagement et décidai d'accepter un autre degré de supplice.

Il fallait me prouver à moi-même que j'étais capable d'une certaine résistance, même si la raison pour laquelle j'étais ainsi malmené était dérisoire. J'étais curieux de connaître la suite. On m'avait souvent parlé des techniques raffinées de la police tunisienne en matière de torture et de son haut degré de savoir-faire. Mais j'avais mis cela au compte de la propension à l'exagération de mes concitoyens.

La gangrène

J'avais pourtant dans mes relations quelques victimes de la torture. L'image de Ammi Eddouble, prisonnier d'une chaise roulante depuis 1969, m'effleura l'esprit. Le pauvre avait été livré à la torture pendant deux mois, pour sa résistance passive à la collectivisation des terres. Le résistant de la première heure, lors de la lutte pour l'indépendance, connut ainsi les affres de la *falaqa* — ce gros bâton utilisé de manière si « créative » dans toute la Méditerranée depuis l'Antiquité pour torturer esclaves, captifs et détenus — et de la pendaison par les pieds, durant des semaines. Il ne recouvra jamais l'usage de ses jambes. Les autorités françaises qui l'avaient eu entre les mains avant son départ pour le maquis ne lui avaient jamais infligé un tel traitement.

Il y en a eu bien d'autres après lui, sûrement des milliers, que la peur et parfois la honte empêchent de témoigner. C'est identique pour les femmes violées. Elles ruminent leur honte jusqu'à la fin de leurs jours, refusant même de se confesser en privé, convaincues parfois de leur propre culpabilité.

D'autres ne pourront jamais témoigner ici-bas. Au début de 1988, le commandant Mansouri mourut dans les locaux de la DST. Selon les autorités, son cœur avait flanché. Depuis lors, beaucoup d'invités de la police ont eu des « arrêts cardiaques ». Cette épidémie n'a jamais touché leurs hôtes.

Mais, comme de nombreux Tunisiens, j'estimais qu'il s'agissait de bavures d'agents d'exécution trop zélés. Après tout, la Tunisie avait ratifié la convention internationale contre la torture et les traitements dégradants, et accepté l'installation sur son sol d'une section d'Amnesty International. Ben Ali, son président, n'avait jamais manqué une occasion d'affirmer son attachement à l'État de droit et sa sympathie pour l'action de la Ligue des droits de l'homme. Il l'avait fait avec une telle insistance que certains plaisantins avaient même proposé qu'il démissionne de ses hautes charges pour disputer la présidence de la Ligue au docteur Moncef Marzouki...

Au fond, personne, en Tunisie et ailleurs, n'était dupe de l'humanisme clinquant d'un tortionnaire attitré. Les larmes de crocodile versées lors de sa *Omra* — petit pèlerinage à La Mecque — n'avaient trompé personne. C'était trop ostentatoire pour être vrai. A moins qu'il n'ait été visité par la grâce à ce moment précis ! Il ne faut pas désespérer de la nature humaine, mais il y a aussi des cas où le moindre espoir n'est plus permis.

Toujours est-il que les mauvais traitements et la torture ont continué allégrement, sous le nouveau régime, dans les locaux de la police. Même la garde nationale, corps relativement sain jusque-là, se mit de la partie. En quelques mois, elle fut atteinte par la gangrène et ses centres de détention devinrent les plus redoutés.

C'était Chedly Neffati qui avait solennellement donné le feu vert au retour de ces pratiques, à Sousse, au début de 1989, à la demande des services. Sous-préfet des campagnes, il avait été parachuté ministre de l'Intérieur en réparation de l'offense qui lui avait été faite par Moncef Ben Ali. En 1988, le frère du président l'avait giflé en public, à l'entrée du ministère de l'Intérieur, où Neffati était alors secrétaire d'État.

Le système policier renouait alors avec la tradition, modernisait son outil de travail et faisait appel à l'expertise internationale. Quelques mois plus tard, il commencera à faire profiter les pays frères des talents de ses propres formateurs.

Hammadi n'eut aucun mal à remarquer que je m'étais relativement adapté à la situation. Cela ne faisait guère avancer son enquête et il était pressé. Peut-être devrait-il en rendre compte dès le lendemain à son maître.

« Décrochez-le », ordonna-t-il à ses hommes. Puis, s'adressant à moi sur un ton presque gêné : « Voilà Ahmed, tu m'obliges à changer de méthode. Maintenant tu vas parler, tu vas voir ! »

Le « supplice tunisien »

Les barres de fer et d'aluminium disparurent aussitôt et l'on apporta des objets hétéroclites : un long tube galvanisé, des chiffons, des cordes et des manches à balai. A leur vue, mon cœur commença à battre la chamade et, pour la première fois depuis mon entrée dans ces locaux, je fus franchement terrorisé. Tout mon corps fut saisi par la tremblote, mes dents claquaient et, avec toute la volonté du monde, je ne réussis guère à les calmer. Les biologistes expliquent cela par une trop forte sécrétion d'adrénaline, mais ce que je sécrétais par-dessus tout, c'étaient des sueurs froides.

D'un croche-pied, je fus étendu de tout mon long par terre. Le carrelage était glacé, mais je le sentis à peine. Aussitôt, deux équipes se mirent à me traiter. L'une m'attachait les chevilles, l'autre les poignets. Elles firent des nœuds de spécialistes, analogues à ceux par lesquels on attache le mouton de l'Aïd.

C'est peut-être le spectacle du mouton se débattant désespérément pour échapper au boucher qui m'a souvent découragé de me plier au rite du sacrifice d'Abraham. Je

n'étais en tout cas pas en meilleure posture, et mes tortionnaires ne devaient pas avoir pour moi plus de
compassion que le boucher pour sa bête.

Sitôt ficelé, on m'a fait plier le dos, de telle sorte que
mes genoux forment le sommet d'une pyramide dont la
base était constituée par les avant-bras. Il y avait suffisamment d'espace pour introduire le long tube galvanisé
sous mes genoux. Dans leur extrême bienveillance, en
fait pour ne pas me blesser et laisser ainsi des traces,
mes tortionnaires recouvrirent de chiffons la partie du
tube qui était au contact de ma peau. Cela n'a pas
empêché que je porte pendant plus d'un an la trace des
écorchures du métal.

On fixa chaque bout de la barre sur une table et je
me retrouvai à me balancer dans la position du « poulet
rôti ». Cette appellation, je ne la connaîtrai que plus tard,
à la lecture de la littérature d'Amnesty International.
Dans l'encyclopédie de la torture, ce procédé est plus
connu sous le nom de « supplice tunisien ».

Peu m'importait à ce moment-là comment s'appelait la
position dans laquelle je me trouvais. D'inconfortable,
elle devint très vite insupportable quand les coups de
bâton commencèrent à pleuvoir sur les plantes de mes
pieds, au rythme de mon balancement. Le coup arrivait
toujours au moment où mes pieds atteignaient le point le
plus haut de la trajectoire. Là, ils rencontraient le bâton
de Hammadi, à qui une parfaite synchronisation des mouvements évitait toute dépense inutile. Chaque fois que le
balancement fléchissait, un agent, qui se tenait en permanence derrière moi, me poussait par les épaules vers
le bas.

Au début, je criais avant le coup, pour l'amortir un
peu. Puis ce furent des cris d'une indescriptible douleur.
Au bout d'un moment, je sentais moins les coups. Non
point qu'ils fussent moins forts ou moins nombreux qu'au
début — la cadence était toujours respectée —, mais mes
pieds ne m'appartenaient plus. Les plantes avaient gonflé
et viré au bleu. Il en était de même pour mes mains. Je
sentais que le sang allait gicler de mes doigts. J'essayais

de desserrer le nœud ou de le déplacer un peu. Vainement. Puis mes cris faiblirent. Je n'éprouvais même plus le besoin de crier et j'oubliais que j'avais encore des pieds et des mains. Je n'étais pas encore totalement inconscient, mais je n'avais plus conscience de mon corps. C'était comme s'il s'était séparé du reste de mon être.

Je sentais pourtant que je criais encore : des plaintes intérieures et à l'adresse du seul être capable de me secourir. Mes tortionnaires n'existaient plus pour moi et je ne parvenais même plus à distinguer leurs silhouettes. Un verset du Coran me vint à l'esprit. Je m'y accrochai, abandonnant tout le reste.

Confiant dans son expérience, mon tortionnaire donna l'ordre de me détacher. On me décrocha de la balançoire, puis on me délia les pieds et les mains. Un agent s'appliqua, à l'aide d'une éponge imbibée d'eau, à me rafraîchir la plante des pieds. Je repris petit à petit mon souffle, mais mon esprit restait ailleurs.

Dès que je fus complètement ranimé, deux agents me mirent debout et m'aidèrent à marcher le long du couloir. Au bout de quelques minutes, je tenais tout seul. Dès qu'ils le remarquèrent, ils m'intimèrent l'ordre de courir. Le dos courbé, les yeux hagards et l'esprit perdu, je me mis à tituber. Une haie d'honneur se mit aussitôt en place, des deux côtés du couloir. C'était à celui qui me consolerait le mieux. Chaque fois que je parvenais au niveau d'un agent, c'était le croche-pied, la gifle, le coup sur le dos ou sur les reins.

Je fis une dizaine d'aller et retour. Cela tenait à la fois du marathon et de la course d'obstacles. Le couloir n'était pourtant pas bien long — plus tard je l'ai mesuré : une quarantaine de carreaux de vingt centimètres de côté, soit en tout huit mètres

Si Hammadi revenait à la charge :

« Alors, tu vas parler enfin ?

— Je n'ai pas autre chose à dire. Cette lettre était destinée à Hédi Nouira et d'ailleurs, je ne l'ai jamais postée.

— Encore ! Mais tu t'es condamné, salaud ! Et pourquoi pas à Hédi Baccouche ? Allons, avoue qu'elle était pour Baccouche !

— Mais comment voulez-vous que j'écrive à Baccouche, secrétaire général d'un parti que je combats, pour lui proposer une alliance électorale ? Elle était bien pour Nouira et je vous jure que je ne l'ai même pas envoyée.

— Dis-toi que tu l'auras voulu et que tu es seul responsable de ce qui va t'arriver. Moi je suis innocent, devant Dieu et devant les hommes.»

Hammadi n'était pas le seul à menacer. Chacun des nombreux agents y allait de son mieux.

Seconde séance

Les menaces n'ayant pas servi à me faire revenir sur mes premières déclarations, ce fut le retour à la case départ. De nouveau, je fus plaqué au sol, attaché et accroché. Tout était fin prêt pour une seconde séance de rôtissage. Elle commença sur un signe de tête du grand chef. Je ne sais combien de temps elle dura, mais je me souviens qu'elle était conforme aux normes : d'abord le balancement synchronisé avec les coups puis, quand mes cris se firent plus discrets, on me décrocha, détacha les mains et les pieds, imbiba les plantes des pieds d'eau froide. La course d'obstacles suivit aussitôt, la haie d'honneur s'étant mise en place automatiquement.

A l'issue de cette dernière séance, il ne restait des trois manches à balai que des bouts brisés. Jamais je n'aurais cru que mes pieds étaient capables de faire un tel ravage.

L'interrogatoire reprit, aussitôt terminée la séance de gymnastique. Voyant que je n'apportais rien de neuf, le chef se mit dans une colère bleue. Son taux de glycémie était monté d'un cran et sa fureur était à son paroxysme. Il commanda d'autres bâtons. «En bois d'olivier !» précisa-t-il.

En fils de paysan du Sahel, je savais de quoi ce bois était capable. Mon défunt père y confectionnait les pièces les plus résistantes des charrues et des charrettes, mais surtout les bâtons dont un seul coup pouvait assommer le chameau en rut le plus violent. « Jamais je ne sortirai vivant d'ici », me dis-je.

Mais en attendant, Hammadi avait encore les bouts de manches à balai, pour s'occuper. Il choisit le plus long, qui se terminait en pointe, et commença à me battre à l'aveuglette sur la tête, les côtes, le ventre. J'essayais de me couvrir le visage et la tête, de parer aux coups, mais il était plus rapide que moi.

Sans doute fatigué, ou voulant tout simplement en finir avec moi, il prit son élan et m'éperonna avec le bout tranchant du manche. J'eus encore le réflexe d'esquiver le coup. La pointe se ficha dans le mur et y laissa un trou de quelques millimètres.

A bout de forces, il jeta le manche et me prit à la gorge, cherchant à m'étrangler. « Tu n'as donc rien compris, salaud ? J'ai ordre de la plus haute autorité de l'État de t'écraser, toi et toute ta famille pourrie ! »

Pour plus de précision, il ajouta que si jamais je sortais indemne de la présente affaire, il m'en collerait une de drogue ou me ferait écraser dans un accident de voiture. A ma femme et à ma fille de quinze ans, il promit le viol devant mes yeux. Quant à mes deux fils, ils auraient des « affaires en or », qui leur vaudraient à chacun au moins cinq ans de prison.

Il omit de m'indiquer le sort qu'il réservait à Taher, âgé de moins de trois ans. Le système n'avait pas encore mis au point des peines spécifiques pour les enfants de son âge.

Je n'eus aucune difficulté à comprendre la situation. J'étais l'invité d'honneur de Ben Ali et à ce titre il avait sur moi droit de vie et de mort. A ce niveau, je savais qu'il était l'homme le plus fidèle qui soit à ses promesses.

« Si Hammadi, arrêtez tout cela, je vais tout vous dire, lui dis-je.

— Enfin, à la bonne heure, *Al Hamdu lillah*, tu as enfin compris ! » Ses traits se détendirent, un air de grande joie lui caressa le visage. Je ne sais si c'étaient mes nouvelles dispositions ou tout simplement le succès de ses méthodes qui lui faisaient le plus plaisir. Il m'enjoignit de m'habiller. Je le fis avec beaucoup de difficultés. D'ailleurs, je n'avais plus grand-chose à me mettre : la chemise et le linge de corps avaient servi à m'attacher et ils étaient en lambeaux. Mes membres étaient tout simplement désarticulés. Un agent m'accompagna aux toilettes pour me rafraîchir le visage. Quand j'eus fini de le faire, je jetai un coup d'œil au semblant de miroir : il me renvoya l'image d'un homme que j'eus peine à reconnaître. Mais cet homme était en vie et c'était l'essentiel.

A mon retour dans la pièce, le chef me parla sur un ton presque amical : « Voilà, tu vas te reposer maintenant, Ahmed, et demain nous commencerons le travail sérieux. » Il ordonna à un agent de préparer ma litière et aux autres de rentrer chez eux. Il s'absenta quelques instants pour mettre en place son dispositif pour la nuit. Tout était en règle, la permanence, les tours de garde et ma garde rapprochée. Pour la première fois de ma vie, j'eus droit à cet honneur : deux gardiens affectés à ma propre sécurité et sans partage ! De plus, il y en avait d'autres dans les couloirs et même un qui faisait les cent pas sur la terrasse de l'immeuble.

Avant de partir, Hammadi vint me dire, attendri, que je devrais me contenter du matelas à même le sol pour ce soir-là, et me promit un lit pour le lendemain. Après le bâton, un peu de carotte.

« Il faut que tu te reposes », conclut-il avant de partir. Je demandai aussitôt l'heure à l'un de mes gardiens. « Ça t'avance à quoi de le savoir ? Dors donc », me répondit-il. Son collègue m'annonça qu'il était 2 heures du matin.

On m'avait donc interrogé et torturé durant près de dix heures pour le brouillon, vieux de deux ans, d'une lettre jamais expédiée...

Introuvable sommeil

La science associe le sommeil au rêve. Dormir sans rêver n'est guère reposant et le sommeil n'apporte dans ce cas rien à l'organisme et encore moins au système nerveux. Ce soir-là, ce n'était pas le rêve que je cherchais, mais tout simplement le sommeil, quitte à ce qu'il soit meublé de cauchemars.

Je sentais de terribles douleurs aux poignets. Mes pieds me lancinaient, ma nuque était complètement désarticulée. Il n'y avait pas un seul membre, pas un point de mon corps qui ne criât secours. J'étais pourtant incapable de dormir. J'avais tellement envie d'éclater en sanglots, mais je n'y parvenais pas. Mon cœur, lui, pleurait à chaudes larmes.

Emmitouflé dans la couverture, pour éviter l'intense lumière du néon, j'essayais de temps à autre de me masser les pieds. Ils étaient tout simplement en marmelade.

J'essayais de réfléchir. Pourquoi donc tout cela ? Hammadi m'avait déclaré, dans un excès de colère, qu'il se foutait de la loi : « Après tout, je défends l'État. » Cela devrait tout justifier à ses yeux : l'humiliation, la torture physique et morale, et pourquoi pas l'assassinat. Il y en eut après mon arrestation, et même avant. De nombreux cas de morts sous la torture dont je ne sais si Hammadi était le responsable, mais sûrement commis au nom du même principe de défense de l'État fétiche.

Au moment où j'ai commencé à écrire ce livre, un État, l'Union soviétique, en comparaison duquel celui de la Tunisie ne serait qu'une mairie rurale, venait de s'écrouler. Il a sans doute été le plus violent à travers l'histoire de l'humanité, et celui qui a fait le plus de victimes parmi ses propres populations. Sa construction, sa défense, son maintien et le développement de sa puissance néfaste eurent aussi recours, dans des dimensions bien plus grandes encore, aux méthodes de Si Hammadi, à sa logique justificative et à sa morale primitive.

Aujourd'hui, j'aimerais tant connaître ce que pensent

les anciens tortionnaires du KGB, de la Stasi est-allemande ou de la Securitate roumaine, au vu de la décomposition de l'État-idole pour lequel ils ont brisé tant de vies humaines, envoyé à la mort, lente ou rapide, des millions de gens.

A ma connaissance, il n'y en a pas eu beaucoup, parmi eux, qui aient eu le courage de faire leur autocritique, d'exprimer leur repentir, et encore moins de se suicider. C'est la preuve qu'ils appartiennent à une autre humanité, à un genre humain robotisé, programmable à merci. En fin de compte, des « puces » dans un système informatisé.

« Dors donc ! Tu en as besoin pour demain », me lança l'un des gardiens. Il avait remarqué mon agitation sous la couverture et concluait que j'étais encore éveillé.

« Comment voulez-vous que je puisse dormir avec cette lumière et tout le bruit que vous faites ?, répliquai-je.

— C'est tout ce qu'on a à t'offrir. Si tu n'es pas content, plains-toi au chef demain. D'ailleurs, ce sont les consignes et, si tu veux tout savoir, on a ordre de ne pas te laisser dormir. Maintenant, cesse de gémir et tais-toi ! » conclut-il.

Je sortis de mes méditations sur la condition humaine et les états d'âme des tortionnaires, pour réfléchir à ma propre condition. Malgré mon optimisme naturel, je m'étais convaincu que, dans le cadre d'une répression généralisée de l'opposition, je ne pouvais échapper à l'arrestation et peut-être à un procès. Mais j'étais à cent lieues de penser que je pouvais faire l'objet de ce genre de traitement de choc. Maintenant que c'était le cas, je m'y résignais.

Une arme de choc

C'était le sort de ma famille qui m'inquiétait le plus. Si un haut responsable de la police proférait des menaces à l'encontre d'enfants innocents, en invoquant la plus haute autorité, ce ne pouvait être à la légère. A qui faisait-il donc allusion ?

Je savais que c'est par des menaces de ce genre, proférées par le directeur des Services spéciaux à l'issue de trois jours de détention dans ces mêmes locaux, que Abdelfaltah Mourou (dirigeant du MTI) et ses amis avaient gelé puis définitivement abandonné toute activité politique. Ils avaient dû se rendre compte ce jour-là que la démocratie concoctée dans ces locaux a fait de l'intimidation et des menaces de représailles sur les familles des opposants son arme de choc.

Un autre Tunisien, qui n'avait rien d'un opposant celui-là, a dû croire lui aussi aux mirages de la démocratie puisque, sortant de sa réserve de diplomate à la veille de sa mise à la retraite, il a osé, en mars 1990, écrire au chef de l'État une lettre où il critiquait la militarisation de la diplomatie tunisienne. Qu'à cela ne tienne ! Lamari Dali sera traduit en justice pour haute trahison. Il « était sur le point de remettre des documents secrets au représentant d'une puissance étrangère », précise l'acte d'accusation. Nous avons tant de secrets en Tunisie que le premier venu peut apprendre les détails des délibérations du Conseil des ministres dans le quart d'heure qui suit la fin de sa réunion, à la terrasse du café de Paris, en plein Tunis ! L'« espion » était sous-directeur des affaires africaines au ministère des Affaires étrangères. Il devait connaître le détail de nos importations de bananes de Côte-d'Ivoire… Condamné à mort par le tribunal militaire, lors d'un procès qui dura une journée, et dans lequel la défense était déclarée *non grata*, il vit sa peine commuée par Ben Ali en travaux forcés à perpétuité, le 9 octobre 1991.

Un de ses neveux a payé de sa vie son désir de disculper son oncle. Ayant confectionné en mai 1990 un tract où il rétablissait la vérité sur l'affaire, il fut assassiné par la police politique, qui jeta son corps au bord d'une route. Les accidents de la route ne sont pas rares en Tunisie, et ceux à caractère politique sont devenus plus fréquents depuis 1990. Ainsi, en février 1991, Tarek

Zitoun, étudiant en lettres à l'université de Tunis, en déplacement à Jerba pour une manifestation estudiantine fut trouvé mort à son retour, à l'entrée du village de Mareth. L'enquête conclut vite à un acte de chauffard mais n'expliqua pas comment la victime se trouvait là au milieu de la nuit à 500 kilomètres de sa destination. Je me perdis en conjectures sur l'autorité commanditaire de la destruction de ma famille. J'écartai d'emblée le ministre de l'Intérieur Kallel. Je savais que jusque-là, il gérait la répression sans grande conviction, en fonctionnaire modèle, soucieux de plaire par-dessus tout à son maître. Je voyais mal en tout cas ce père de famille rangé (ainsi était-il décrit par ses intimes) tremper dans des actions de représailles contre des enfants. Mais dans sa position, et sachant pertinemment toutes les horreurs qui étaient accomplies dans les « caves chantantes » de son ministère, il ne pouvait arguer de son innocence. Au cours de l'été 1987, il n'était que secrétaire général de ce ministère quand les militants islamistes Taoufik Marzouki, Abdessattar Trabelsi et Moncef Zarrouk décédèrent sous ses pieds. Mais il était ministre quand sa police ramena en 1991 la fillette Héla Nefzi, âgée de neuf ans, au centre de Bouchoucha, la déshabilla devant son père, le professeur Mohammed Abed Nefzi, et menaça de la violer en sa présence s'il ne passait pas aux aveux[1].

J'écartai aussi promptement et sans la moindre hésitation le général Ali Sériati, directeur général de la Sûreté. Le vieux camarade de lycée avec lequel j'avais partagé les idéaux de la jeunesse tunisienne des années cinquante en même temps que sa misère quotidienne, et l'officier intègre et compétent qu'il était devenu, ne pouvait agir en voyou. Il est vrai que les mœurs politiques avaient terriblement dégénéré, et que le sens de l'honneur avait gravement périclité. Mais il reste toujours, dans les tréfonds de la personnalité, quelque chose de la première éducation.

---

1. Fédération internationale des juristes africains, publication n° 157, Londres, 5 septembre 1991.

Le nom de Mohammed Ali Ganzouhi m'effleura l'esprit. C'était le patron des Services spéciaux et dépositaire à ce titre du brevet des coups bas. Mais je le savais incapable, dans mon cas, de prendre une telle initiative. Il était la trop fidèle voix de son maître, ou plutôt de ses maîtres. Ses Services spéciaux, comme l'ensemble de la police, de la garde nationale, de l'armée, du parti et même des partis d'opposition ou des syndicats, dépendaient de deux personnes : Ben Ali, bien sûr, président de la République, la vitrine toute reluisante du pouvoir que les médias présentent à la une tous les jours avec ou sans motif, et... Kamel Letaief, dont j'ai déjà évoqué le nom.

En Tunisie, peu de gens connaissent ce personnage. Son nom et sa photo n'ont paru qu'une seule fois, dans un reportage de *Jeune Afrique* sur les « hommes du président ». Son empreinte était pourtant partout. C'est de lui que dépendaient les nominations et les destitutions des Premiers ministres, ministres, députés, gouverneurs et jusqu'aux simples plantons. Exagération ? Il faut l'avoir connu et avoir découvert l'étendue de son empire sur les hommes et les affaires pour s'en rendre compte. Je l'écartai néanmoins, sachant qu'il n'avait été au courant de mon affaire qu'une fois celle-ci largement engagée et sur l'initiative d'un de mes proches, le jour de l'Aïd.

L'« autorité suprême »

Non, l'autorité suprême, selon les termes mêmes de Hammadi, n'était autre que le chef de l'État. Mon intuition ne m'a d'ailleurs pas trompé : la suite des événements et les interrogatoires me le confirmeront largement par la suite.

Cette conclusion me donnait la chair de poule. On ne peut prévoir la réaction d'un homme, retranché dans un bunker, ayant perdu confiance même dans ses amis. Ce que j'avais entrepris au titre de ma citoyenneté, et honnêtement assumé, relevait pour lui du complot contre l'État.

Un mois plus tard, les autorités tunisiennes crieront à ceux, de plus en plus rares, qui voudront bien les entendre qu'une tentative de coup d'État venait d'être déjouée ! Gloire à notre police nationale, veillant au grain, omniprésente, mais jamais quand il le faut ni là où il le faut.

Ainsi Naceur Damergi, surnommé « l'étrangleur de Nabeul », a-t-il sévi durant près de trois ans dans la région du cap Bon, grande comme un mouchoir de poche, violé et assassiné douze enfants et semé la terreur partout, sans être jamais inquiété ni soupçonné. Il a fallu que ce psychopathe sanguinaire soit pris de remords, dans un instant de lucidité, pour qu'il se rende enfin et avoue ses crimes. La police monta tout un scénario pour faire croire aux gens incrédules que cette arrestation était le fruit de ses investigations. Blason redoré et honneur sauf, le Parlement pouvait alors adopter à l'unanimité une motion à la gloire de la police, agrémentée d'une substantielle augmentation de son budget.

C'est cette même police, toujours prompte à ratisser villes et villages pour coincer un bout de barbe, terroriser femmes et enfants et tirer à vue sur les étudiants, qui afficha une incapacité honteuse à intercepter le commando israélien responsable de l'assassinat du responsable palestinien Abou Jihad en 1988. Les trente membres du commando avaient pourtant, durant des semaines, fait du tourisme dans les souks de la Médina de Tunis.

Il faut cependant reconnaître à la police tunisienne un art consommé dans le montage des scénarios de complots contre la sûreté de l'État et dans la confection de vidéocassettes destinées à discréditer hommes politiques et autres gêneurs.

J'avais donc mille raisons de croire que les menaces étaient sérieuses et que ma famille courait de grands dangers. Je me résignai à dire tout ou presque. D'ailleurs, qu'avais-je à cacher, sinon cette rencontre parisienne chez

Ahmed Bennour, sept mois plus tôt ? J'espérais
néanmoins qu'ils n'en savaient rien et surtout que Omar
Shabou, le directeur de l'hebdomadaire indépendant *Le
Maghreb*, n'était pas entre leurs mains. Bercé par cet
espoir, mes pieds et mes poignets devenus moins dou-
loureux, je m'endormis enfin.

5

« Ahd el aman* »

Au loin, la ville commençait à se réveiller. La voix caverneuse d'un muezzin me parvenait, à peine audible : « Certes il n'y a d'Allah qu'Allah ! » Je fis ma prière allongé, la face tournée vers je ne sais quelle direction. J'essayais de m'imaginer en génuflexions, prosternations et autres gestes rituels de la prière. Pour la première fois depuis de nombreuses années, je revoyais ma mère sur son lit de mort accomplir par le regard ses dernières prières. Jamais communion avec le Créateur ne fut plus totale !

Dans les couloirs, la vie reprenait timidement. Sur la terrasse, la sentinelle, pendant quelque temps assoupie, faisait sa première ronde du matin. Mes gardiens, qui avaient passé la nuit sur des chaises, se réveillaient, maudissant leur sort et cette vie de chien que je leur causais. Ils devaient être aussi éreintés que moi et je faillis les plaindre. Une vraie vie de chien, en effet ! Mais que faire quand seule la police vous offre des opportunités d'emploi !

* Traduction : pacte de sécurité.

Depuis 1986, avec le début d'un sévère programme d'ajustement structurel, l'administration, ultime refuge traditionnel des jeunes diplômés, avait cessé les recrutements. Des promotions entières de médecins, d'ingénieurs, d'enseignants et d'autres techniciens étaient venues grossir les rangs de la formidable armée de chômeurs. Pourtant, on n'avait jamais eu autant besoin de leur savoir. L'analphabétisme, un moment vaincu, touchait en cette année de grâce plus de trois millions de Tunisiens, officiellement 37,5 % des huit millions et demi d'habitants du pays.

Toute une génération, un moment porteuse de l'espoir du pays dans un démarrage économique et de celui des familles dans une amélioration de leurs conditions de vie, se trouvait acculée à vivre au quotidien le chômage, l'oisiveté et la lente marche vers l'abîme.

En Algérie, on les a surnommés les *hittistes*, ceux qui soutiennent les murs. En Tunisie, où l'on a toujours prétendu faire mieux que le voisin, on leur a ouvert partout des cafés. Comme par hasard, la plupart des patrons sont des policiers retraités et, dans les meilleurs des cas, des militants du Destour, le parti au pouvoir. La compétition dans la délation est largement ouverte.

Vis-à-vis des jeunes qui préfèrent le chapelet à la belote et fréquentent davantage la mosquée que le café, la stratégie est pratiquement la même. L'État, gardien de l'islam et patron de son clergé, nomme les imams des mosquées parmi les retraités de la police et de la garde nationale, passés furtivement par la vieille Zitouna au début de l'indépendance. Comme maîtres de conscience, on ne peut trouver mieux, étant bien sûr qu'ils sont plus proches du sous-préfet et du policier que d'Allah.

C'est ainsi que la religion qui a aujourd'hui le plus grand besoin d'être repensée, d'inventer de nouvelles formes d'adaptation au monde et de mobiliser ses adeptes pour de nouveaux combats plus conformes à l'universalité de son message se retrouve confiée aux spécialistes du renseignement de bas étage.

Mais, pour parer à toute éventualité et prévenir tout

risque d'explosion, la police recrute à tour de bras. On ne manque jamais d'argent pour payer des jeunes à matraquer leurs camarades d'hier, d'autant que, déçue par tant de promesses non tenues, toute une jeunesse commence à contester bruyamment. L'année 1988, pompeusement proclamée « année de la jeunesse », n'apporta à cette dernière qu'un supplément de misère et de désespoir. Les temps sont finis où l'émigration constituait une perspective d'avenir ou de libération. Les Tunisiens, longtemps cotés sur le marché européen de l'emploi, sont déclarés partout indésirables. « Je partirai de ce pays, devrais-je pour cela épouser une centenaire française », dira un jeune étudiant tunisien à l'envoyé spécial du journal français *Politis*.

Pendant ce temps, la Tunisie, plus endettée que jamais, ne refuse aucun caprice à sa nouvelle *nomenklatura* issue du 7 novembre. Pressés de goûter aux plaisirs de la vie et d'exhiber avec une provocante ostentation les instruments de leur fraîche puissance, les nouveaux loups s'offrent un train de vie révélé aux Tunisiens par le feuilleton *Dallas*, à coups de licences d'importations juteuses, de pots-de-vin — appelés chez nous le « café » —, de rachats à crédit et au rabais d'entreprises privatisées, et d'autres magouilles dont ils ont le secret.

Les petits palais montent au même rythme que les bidonvilles et que la détérioration de l'infrastructure du pays. Le parc de Mercedes et autres voitures haut de gamme, introduites au nez d'une douane complaisante par des subterfuges multiples, dépasse celui des transports en commun. Plus de deux mille voitures de luxe, volées dans le Sud de la France entre 1990 et 1992, ont ainsi pris le chemin de la caverne d'Ali Baba, plaque tournante de ce trafic vers le Maghreb et l'Afrique[1].

Pourtant, le réseau routier n'a jamais été aussi défoncé, et, en presque quarante ans d'indépendance, le pays n'a pas construit plus de 80 kilomètres de semi-autoroutes. Mais on est toujours plus riche quand il y a en face plus

---

1. Dépêche AFP, Marseille, 7 octobre 1993.

de pauvres. En cela, la Tunisie n'en a pas fini de s'égyptianiser, en même temps que l'Égypte s'indianise. L'ambassadeur américain à Tunis, bien au fait de l'état des pays qui composent l'empire, appelle cela la « thaïlandisation » de la Tunisie...

Le « travail »

« Café noir ou au lait ? » me demanda mon gardien. J'optai sans hésitation pour le noir. « Un express si possible », ajoutai-je.

J'ai toujours eu un faible pour le bon café, mais je me méfie, à Tunis, du café filtre, fortement mélangé d'orge. Traditionnellement, on ajoute divers condiments au café — écorce d'orange, pois chiches — pour en corser le goût, mais en petite quantité. Dans les nouveaux hangars à chômeurs que sont devenus les cafés, on les remplace par de l'orge. C'est moins cher.

Ce matin-là, j'avais besoin d'un bon café bien corsé. Il me fallait mettre de l'ordre dans mes idées et essayer surtout de comprendre ce qu'on voulait de moi. A la première gorgée, je remerciai l'inspiré Sidi Belhassen Chedly, l'illustre fondateur de la confrérie qui porte son nom, pour avoir déclaré licite un produit fort suspecté lors de son introduction dans notre pays. Sans sa *fatwa*, le café nous serait sans doute encore interdit.

Dans les couloirs, on s'agitait. Des serrures s'ouvraient, des portes claquaient et de plus en plus de voix se faisaient entendre. De temps à autre, quelqu'un entrebâillait la porte de la chambre, pour faire connaissance avec le nouveau locataire. Je faisais en même temps connaissance avec mes nombreux hôtes. La veille, un inspecteur m'avait déclaré que le service comprenait plus de cent cinquante personnes et que chacune d'elles prendrait part à mon interrogatoire s'il le fallait. Sur le coup, je pensai qu'il exagérait, pour m'impressionner et venir à bout de ma résistance. Au cours des jours suivants, je devais me rendre compte qu'il n'était pas loin de la vérité…

« Entrez dans vos bureaux, fermez les portes et n'en bougez pas ! » Hammadi faisait son entrée à la hussarde, comme d'habitude. C'est le style qui convenait le mieux à la maison, semblait-il.

Aussitôt, un silence de mort envahit les couloirs. Chacun se retrancha dans ses campements. Mes gardiens, un moment distraits, se redressèrent sur leurs chaises. Je m'apprêtai à faire face à une longue journée. Je n'attendis pas longtemps. Hammadi entra dans la pièce, suivi d'un de ses collaborateurs. Il fit un geste de la tête et mes deux gardiens s'éclipsèrent aussitôt. Sans même y être invité, je me redressai.

« Alors, tu as bien dormi, Ahmed ?, me lança-t-il en guise de salut.

— Oui, un peu, lui répondis-je, honteux de ne pouvoir le satisfaire entièrement.

— Très bien, nous allons commencer le travail. Si Mustafa va te poser quelques questions, tâche de lui faciliter les choses, sinon… Ne m'oblige pas à recourir à des méthodes que je déteste.

— Non, il n'y a pas de raison. Je vous l'ai dit hier soir, Si Hammadi. »

Je fus aussitôt transféré dans la pièce qui m'avait accueilli la veille. Elle avait reçu entre-temps un complément de meubles : un lit en fer, un matelas et une de ces couvertures grises qui entrent dans la dotation des soldats de toutes les armées du monde. La table occupait toujours le même coin, avec deux chaises de part et d'autre. C'était l'indice que je ne serais pas seul de la journée.

Mustafa

Mustafa entra dans la pièce, disposa soigneusement une pile de papier machine sur un coin de la table, sortit un stylo et un paquet de cigarettes, qu'il déposa sur le papier. Il se mit à arpenter la pièce, rêveur, oubliant jusqu'à ma présence. Il finissait de rassembler ses idées ou attendait plus simplement quelque chose ou quelqu'un. Je l'observai attentivement, en essayant de me souvenir où je l'avais vu auparavant. Nous devions appartenir à la même génération. Peut-être même était-il un peu plus âgé que moi, malgré les apparences. A près de cinquante ans, il n'avait pas un seul cheveu blanc, et je ne crois pas qu'il soit de ceux qui teignent leurs cheveux. La pratique fut très longtemps mal vue et limitée à quelques rares délinquants vieillissants. Des cheveux noirs et scintillants de pommade, quand on est adulte, c'est tout simplement pour les femmes ! Mais Ben Ali en fera une mode. Or Mustafa n'était sûrement pas de ses fans. Son costume râpé, qu'il avait sans doute acheté à la fripe comme la plupart des Tunisiens, dénotait plutôt quelqu'un de commun. C'était tout simplement un homme bien conservé. Il ne devait pas se faire beaucoup de soucis ni se poser de problèmes existentiels.

J'étais sûr que sa carrière n'avait rien d'exceptionnel. A son âge, d'autres que lui seraient au sommet de la hiérarchie de leur administration. A moins qu'il ait été fortement handicapé par ses études strictement en arabe, dans la vieille Zitouna, l'université de la Grande Mosquée de Tunis.

Trente-cinq ans après l'indépendance du pays, les clivages nés de la dichotomie de l'enseignement dispensé auparavant aux Tunisiens continuent à conditionner beaucoup de comportements et de carrières. Pourtant, l'État n'a jamais recruté les magistrats les plus dociles ni les tortionnaires les plus zélés autant que chez les anciens « zitouniens » (étudiants de l'université Zitouna, établissement religieux le plus ancien du monde musulman, qui fut fermé en 1957). Et je m'étonne que parmi les nombreux militants de la réhabilitation de cette vieille institution, personne ne se soit intéressé à cet aspect des choses.

Il faut reconnaître que sous l'effet de la répression (qui s'est institutionnalisée depuis l'indépendance), du culte de la personnalité et de la mainmise de l'État sur les

102

consciences, les cadres issus de l'enseignement moderne ne furent ni plus courageux ni plus indépendants que leurs collègues zitouniens. C'est à croire que la servilité est devenue le caractère saillant d'un Tunisien broyé par la société des services. On ne développe pas impunément le tourisme et l'art de la courbette qu'il nécessite...

Enfin, un détail me revint à l'esprit. Non, je n'avais pas dû connaître Mustafa ailleurs que dans ce service. Mais la veille, entre deux séances de torture, Hammadi avait rapporté mon agenda et consulté Mustafa sur un numéro de téléphone inscrit à la lettre K. Je vis Mustafa acquiescer de la tête. C'était le numéro de téléphone du fameux Kamel Letaief. Il le connaissait donc et devait être en relation directe avec lui. Ainsi, le faiseur de rois ne se contentait pas de nommer et de destituer Premiers ministres et ministres ni de décider de la carrière des grands commis de l'État : il avait étendu ses tentacules et disposé ses hommes à tous les niveaux de l'administration.

Je me rendis compte plus tard, au cours des interrogatoires, de son omnipotence et de son pouvoir occulte. L'ayant souvent contacté, sur mon initiative personnelle ou à la demande de certains dirigeants du mouvement Ennahdha, dans le but d'accélérer la légalisation de celui-ci, et à ce titre souvent cité, je fus étonné que son nom ne figurât nulle part dans le volumineux procès-verbal de mon interrogatoire. Je fus même ridiculisé pour avoir trop insisté sur les promesses qu'il m'avait faites en ce sens, rappelant qu'un an auparavant il m'avait déclaré que « dans le cas où aucun des ministres chargés de ce dossier n'arriverait à le résoudre, il le prendrait lui-même en charge et y donnerait la solution définitive qu'il méritait ».

L'un des inspecteurs, agacé sans doute par l'introduction du sacré dans le champ du temporel, me demanda, tout en lançant un regard d'excuse à Mustafa : « Mais qui est donc cet homme ?

— C'est un commerçant en matériaux de construction », lui répondis-je. Je ne connaissais en effet pas d'autre fonction officielle à Letaief.

Pour moi et pour tous ceux qui le connaissaient, il était de fait simplement le « roi caché de la République ». Avant de le contacter au début de 1988 pour plaider le dossier des islamistes, je m'étais renseigné sur son compte auprès de ses relations. L'une d'elles me confia à l'oreille, après avoir pris bien soin de verrouiller la porte capitonnée de son bureau : « Kamel est le coprésident de la Tunisie. » Un an plus tard, la même personne rectifia le tir : après l'élection de Ben Ali avec 99,27 % des voix exprimées, Kamel était tout simplement devenu, me chuchota-t-elle, le « président effectif de la Tunisie ».

Plus récemment encore, le même diagnostic avait été fait par le conseiller principal de Ben Ali. Slah Maoui confia à l'un de ses intimes, qui voulait connaître le point de vue du président sur une affaire : « La logique et les faits empêchent de parler de Ben Ali indépendamment de Kamel. A la limite, l'avis du président est du domaine de l'accessoire. C'est la plus parfaite osmose que la nature ait jamais réalisée entre deux êtres. »

La présence de ce genre de personnage dans les plus hautes sphères de l'État tunisien n'a rien d'exceptionnel. Quand Kamel fut écarté au milieu de l'année 1992, mis « en réserve de la République » aux dires de ses amis, c'est le clan des Trabelsi, la nouvelle belle-famille de Ben Ali, avec Belhassen à sa tête, qui hérita de sa charge occulte et de ses honneurs.

Le café commandé par Mustafa était arrivé. A la première gorgée, il savait ce qu'il avait à faire. Il s'installa en face de moi. Le « travail » pouvait commencer.

Reprise du « travail »

Je déclinai mon identité et mes ascendants jusqu'au quatrième degré. Pour ceux de ma femme, je ne pus remonter au-delà du troisième. Je crois qu'elle-même n'aurait pas été plus loin. Puis les descendants — sexe, âge, études, établissements fréquentés — et enfin mes études et diplômes. Je n'osai pas, par crainte de paraître à l'enquêteur plus intellectuel qu'il n'était tolérable, citer mon doctorat.

La veille, l'exhibition de ma carte d'expert auprès des Nations unies m'avait valu une gifle, et celle de ma carte d'adhérent à la Ligue tunisienne des droits de l'homme, une autre. Ce fut l'occasion de connaître un peu tout l'amour que la maison réservait à Moncef Marzouki, le président de la Ligue. La découverte, dans mes papiers, de mon adresse auprès d'une agence de domiciliation sur les Champs-Élysées me coûta une nouvelle paire de gifles.

Un bachelier est déjà un contestataire en puissance, et un docteur en autre chose qu'en médecine est tout simplement un chef révolutionnaire. (Au printemps 1990, un comité composé des maîtres à penser de l'«ère nouvelle», présidé par Iad el-Ouedreni, un sociologue de gauche converti à l'idéologie novembriste, débattit pendant trois jours des moyens d'éviter qu'un Tunisien, homme de science, intellectuel ou politique, ne fasse de l'ombre au chef de l'État, à un moment quelconque de son règne.)

Le service militaire ? Non, je ne l'ai pas fait, comme la majorité des hommes de ma génération. J'omis de signaler aussi que j'avais été volontaire à Bizerte en 1961. L'accomplissement de ce devoir m'avait valu alors d'être traité de fou par certains de mes camarades de lycée. Trois d'entre eux siègent actuellement au gouvernement et se montrent les plus virulents défenseurs de la patrie en danger.

« Maintenant, tu vas me dire comment tu as connu Mzali et quelles sont tes relations actuelles avec lui.

— Mais Mzali n'est pas un inconnu en Tunisie. Après tout, il a été ministre et Premier ministre pendant un quart de siècle. Mais je n'avais aucune relation particulière avec lui. Il était le représentant d'un pouvoir que je n'ai jamais cessé de contester et parfois de combattre. C'est au cours de la campagne électorale d'avril 1989 qu'un de ses jeunes partisans m'avait transmis un message verbal de lui, dans lequel il promettait son soutien à ma liste, à la condition que je revendique son droit au retour et appuie l'effort de ses amis dans ce sens. C'est ainsi que je lui écrivis la lettre dont vous avez, Si Mustafa, le brouillon ! Sur ce point, je dois avouer que j'ai été fidèle à mes promesses. J'ai clamé haut et fort que les millions de Tunisiens avaient droit à la liberté et, dans le cas de Mzali, à un procès équitable, s'il y avait vraiment matière à le juger.

— Comment tu l'as contacté à Paris ?

— Le plus simplement du monde et par le plus pur des hasards. J'étais allé rendre visite à un ami, un peu à l'improviste, et comme il était un peu pressé, ayant rendez-vous justement avec Mzali, il m'avait demandé si je voulais aller avec lui et profiter ainsi du trajet pour terminer notre discussion.

— Qui est cet ami ?

— Habib Mokni. »

« Comment tu l'as connu ? Comment tu as eu son adresse ? Qu'est-ce que vous vous êtes dit et raconté ? Comment vous vous êtes rendus chez Mzali ? » C'était un feu roulant de questions.

Toute la matinée fut consacrée à mes rapports avec ces deux personnalités de l'opposition en exil. Aucun détail ne devait échapper : l'adresse, l'étage de l'appartement, le style, la disposition et la couleur des meubles, et jusqu'au goût du café servi. Tout cela était bien sûr indispensable pour étayer la thèse du complot, mijotée avec amour par les Services spéciaux.

« Non, il y a trop de hasards dans cette affaire !, me lança Hammadi après lecture du rapport. Mais nous allons bientôt vérifier si tout ça est vrai. Et comment tu as connu Ahmed Bennour, alors ? »

Je fus simplement sidéré par la question. C'était le moment de vérité que je redoutais le plus. Je priais pour que Omar Shabou ne soit pas en Tunisie. C'était tout mon destin qui dépendait de sa présence ou de son absence du pays. Lors de mon dernier passage à Paris, j'avais appris qu'il avait sabordé son hebdomadaire *Le Maghreb* et décidé de s'exiler. Mais l'avait-il vraiment fait ? Lui seul pouvait témoigner de mes contacts avec Ahmed Bennour, me faire couler ou me sauver.

Ahmed Bennour n'est pas seulement un adversaire politique de Ben Ali. C'est aussi celui qui connaît tout sur lui, sa tendre enfance, ses frasques marocaines ou polonaises et ses affaires en tout genre.

« Je connais Ahmed Bennour depuis les années soixante-dix, quand il était gouverneur à Sousse, dis-je. Mais je ne l'ai pas revu depuis. D'ailleurs, je n'ai jamais eu de relations personnelles avec lui. Pourquoi voulez-vous qu'il y en ait, alors que nous n'avons jamais été du même bord ?

— Ah c'est ça ! Vous n'êtes pas du même bord, tu ne l'as pas revu et tu n'as pas de relations personnelles avec lui ? Je savais que tu étais un ingrat, fils de chien. Tu vas te rappeler tout maintenant... Allez ! Ramenez le matériel ! »

Hammadi était dans tous ses états. Il sortit en claquant la porte, suivi par ses collaborateurs. Durant leur brève absence, deux gardes les remplacèrent. L'un d'eux, un jeune colosse, se mit à faire étalage de sa musculation, développée sans doute par de fréquents et assidus exercices, tandis que son collègue, plus fin, essayait de m'amadouer.

« Pourquoi continues-tu à nier l'évidence et à t'exposer aux pires ennuis ? Tu étais bien tout à l'heure, il fallait continuer. »

Il ne devait pas savoir de quoi il retournait. Mais il aurait été sûrement heureux d'annoncer à son chef qu'il avait réussi à me convaincre.

Je n'eus pas le temps de répondre à sa requête. Les deux inspecteurs revenaient avec le matériel et le posaient sur la table, tandis que deux agents apportaient la seconde table.

« Dajaj el hakem »

Je reconnus la barre de fer, les cordes et les chiffons de la veille. Il y avait aussi du nouveau : des fils électriques, des électrodes, un gros bâton avec un embout en caoutchouc et des manches à balai frais.

Un inspecteur entreprit de me présenter le tout. « Tu connais ça ? » me demanda-t-il en désignant les électrodes. « Non », répondis-je.

Il se lança alors dans une longue explication sur leur usage et leurs performances. Un spécialiste du marketing n'aurait pas fait mieux. Il aurait fait un bon agent commercial et il aurait mieux gagné sa vie. Il n'aurait pas eu bien sûr la sécurité de l'emploi dont il jouissait dans la police ni la considération sociale qu'apporte l'appartenance à un corps si prestigieux. Mais il aurait eu au moins la conscience tranquille, si tant est qu'il en eût une.

On étouffait dans la pièce. Ils n'étaient pas moins de cinq autour de moi, et Hammadi se faisait annoncer dans le couloir. Ses cris le précédaient toujours dans ses moindres déplacements. En entrant dans la pièce, il s'étonna qu'on ne m'eût pas encore préparé pour l'opération.

La meute se jeta aussitôt sur moi. Déshabillé à coups de gifles, je fus ficelé sans opposer la moindre résistance, sans même me débattre. Ma volonté était complètement anéantie. Un agneau aurait été moins docile. Mais je n'étais même pas l'agneau, ni même le poulet de ferme. J'étais le poulet de batterie que sont devenus beaucoup de mes concitoyens, au bout de trente ans d'oppression — *dajaj el hakem*, poulet d'État, comme on le dit si bien en Tunisie.

Au bout d'une demi-heure, j'étais complètement rôti. Mes pieds étaient en flammes, mais ils avaient gonflé un peu moins que la veille. Le rodage était en bonne voie. Mais les doigts me faisaient terriblement mal. Le nœud qui me liait les poignets était un chef-d'œuvre : il empêchait toute circulation sanguine. Le poids du corps, ses

108

balancements et mes propres mouvements pour le desserrer faisaient le reste.

Quand on me détacha enfin les poignets, un fourmillement me traversa les mains. Le sang y affluait à grande vitesse. Il s'en fallait de peu que les veines n'éclatent. Les soins d'usage suivirent aussitôt. Une éponge imbibée d'eau appliquée sur la plante des pieds et un petit footing dans le couloir finirent par me rendre l'esprit. Cette fois, je n'eus pas droit à la haie d'honneur.

« Maintenant, si tu ne parles pas, ce sera l'électricité, et crois-moi qu'en comparaison, ce que tu as vu jusqu'ici, c'était du gâteau. Va te laver le visage.» Sur ces mots, Hammadi quitta la pièce.

J'enfilai chemise et pantalon et je passai aux toilettes, laissant la porte ouverte conformément aux consignes. La lumière du couloir éclairait abondamment les lieux et j'eus encore le réflexe d'hésiter avant d'y pénétrer. C'était tout simplement infect. Elles n'étaient pourtant pas destinées aux seuls détenus. L'ensemble du personnel, grand chef compris, les utilisait aussi.

Je me rafraîchis le visage et les mains et jetai un coup d'œil à la glace. L'image qu'elle me renvoya me terrorisa. Ce visage cadavérique, ces yeux exorbités, ces pommettes saillantes, ces cheveux ébouriffés : je ne me reconnaissais plus. Ma chemise, dont on s'était servi la veille pour m'attacher les mains, était chiffonnée, mon pantalon ne tenait plus et je n'avais plus ma ceinture. Je n'avais pratiquement pas dormi depuis mon arrestation et je n'avais eu pour seule nourriture en vingt-quatre heures qu'un café noir. Ma déchéance physique était relativement avancée. Mais je n'étais pas complètement brisé. Un sursaut de fierté me décida à lutter jusqu'au bout.

Je revins à la pièce. Mustafa m'attendait de pied ferme.

« Épargne-toi ces épreuves et à nous une perte de temps inutile, me dit-il au bout d'un moment de silence. Je vais te laisser te reposer un peu, et nous reprendrons le travail tout à l'heure », ajouta-t-il en ouvrant la porte pour sortir. Revenant sur ses pas, il me demanda ce que je voulais manger.

« N'importe quoi, lui rétorquai-je. Du pain, du fromage et, si possible, du café. Vous avez mon argent, achetez-moi des cigarettes, s'il vous plaît, Si Mustafa. » Je profitai de l'interruption de l'interrogatoire pour m'étendre un peu. J'étais complètement éreinté, mes pieds fourmillaient et je m'appliquai à les masser doucement. De temps à autre, je poussais un petit gémissement et au bout d'un moment, ignorant la présence de mes deux gardiens, j'éclatai en sanglots.

Je ne crois pas que ma douleur physique ait été plus grande qu'à l'issue des séances précédentes, mais moralement, ma blessure était plus profonde. Mes gardiens, qui étaient jusque-là indifférents, en éprouvèrent de la gêne et me tournèrent le dos. Celui qui avait apporté son concours en début de séance me sembla même très confus. Il baissa les yeux quand nos regards se croisèrent. Un sentiment de honte ? Était-ce possible dans ces lieux ? A moins que ce fût tout simplement de la pitié pour un quinquagénaire, peut-être l'image du père, pleurant à chaudes larmes l'injustice de ses semblables.

Quand son collègue sortit au bout d'un moment, il s'approcha de moi et essaya de me réconforter.

« Tu es un homme croyant, me dit-il, c'est le moment de le prouver, parce que ce qui t'attend risque d'être encore plus insupportable. Et puis, entre nous, ici c'est un véritable paradis par rapport à ce que connaissent d'autres, pas loin d'ici. »

Me souvenant de tout ce qu'on raconte sur les performances, les techniques et les procédés de la torture en usage dans les caves du ministère si proche, je le crus sur parole et le remerciai.

Tout n'était pas encore totalement pourri dans ce pays, et il restait, malgré la peur et la terreur, des oasis d'humanité, là où l'on s'y attendrait le moins. Ainsi, la veille, un agent était venu entre deux rondes me demander mon numéro de téléphone, pour prévenir ma femme que j'étais encore en vie. J'étais dans un tel état que je lui donnai un mauvais numéro.

Mustafa lui-même me manifesta de la bienveillance

tout au long des interminables interrogatoires qu'il dirigea. Mais je ne sais la part du spontané et du commandé dans son attitude.

Vers 15 heures, il revint me voir pour s'assurer que j'étais toujours aussi bien disposé que je l'avais déclaré avant la pause.

« Oui, ça va, nous pouvons recommencer le travail », lui dis-je.

Le « complot »

J'avais entre-temps décidé d'une stratégie qui fut payante jusqu'au bout. Je racontai comment j'avais été pour la première fois chez Bennour. Encore un concours de circonstances, un pur hasard, ce que mes instructeurs n'acceptèrent que pour faire avancer leur enquête. C'était pourtant la stricte vérité. Je revenais d'une mission aux États-Unis et, comme à mon accoutumée, je transitais par Paris. A chaque passage, j'y rendais visite à Habib Mokni. C'était au mois de septembre 1990 et je déclarai en toute bonne foi que c'était au mois de novembre : j'avais perdu la notion du temps et ma mémoire des dates avait terriblement flanché. Mon amnésie était presque totale, puisque j'oubliai jusqu'à la date de mon arrestation, vieille d'un jour.

Le hasard avait voulu que, ce jour-là, Mokni fût l'invité de Bennour, en compagnie de Mzali et de Shabou. Il me proposa de l'accompagner, ce que je fis sans hésitation. Il s'agissait de discuter de l'état d'avancement du projet de front démocratique tunisien, que de nombreuses personnalités politiques s'étaient engagées à mettre sur pied. J'étais par ailleurs très heureux, après des semaines au régime du *fast food* américain, de pouvoir manger un bon couscous maison.

L'analyse de la situation politique en Tunisie faite en cette occasion par Shabou était aussi délicieuse que le couscous. Je fus surpris par sa clarté, mais surtout par son courage. Le directeur d'une publication jalouse de

111

son indépendance devait, pour survivre dans cette « Tunisie nouvelle », ménager la chèvre et le chou. Pour pouvoir continuer à publier, d'autres que Shabou ont tout simplement pris le parti du loup, quand ils ne se sont pas transformés en charognards. *Le Maghreb* et son patron payèrent très cher leur témérité. Ce magazine, qui est l'organe de presse à avoir le plus ouvert ses colonnes aux Tunisiens de tous horizons, accueillant des débats contradictoires sur les problèmes de la société tunisienne, sera acculé à disparaître à la fin de 1990. Son directeur connaîtra, à partir d'avril 1991, les humiliations de la torture et de la prison, sous un prétexte de « détournement de biens sociaux ».

Shabou avait en tout cas prononcé, lors de cette rencontre, le verdict qui nous valut, en ordre dispersé, de nous retrouver dans ces lieux. *Éliminer, abattre, en finir* ? Je ne savais guère, quelque sept mois plus tard, lequel de ces termes il avait utilisé. Mais pour le journaliste et l'homme politique, cela ne pouvait se concevoir qu'au sens figuré.

« Non, c'est *abattre*, c'est le mot prononcé !, coupa nerveusement Hammadi

— Vraiment, je ne le sais plus du tout. J'ai complètement oublié, ça fait sept mois, répétai-je en guise d'excuse.

— Ah oui, tu as oublié ! Tu es le manitou d'une conjuration internationale pour déstabiliser le régime et tu oublies !

— Non, un front démocratique d'opposition ne vise pas à déstabiliser le régime, mais à le corriger. C'est le rôle de toute opposition responsable. D'ailleurs, les trois termes ont, au figuré, le même sens. C'est dans cet esprit qu'il faut les comprendre, parce qu'aucun de nous ne préconise la violence. Nous voulons au contraire l'extirper de notre société et, pour ce faire, réunir les conditions d'une véritable démocratie. »

De guerre lasse, je lui dis de mettre n'importe quoi dans son rapport. « J'assume tout, Si Hammadi, croyez-moi », lui dis-je enfin.

Savourant sa victoire, il se lança dans un monologue contre « ces ingrats qui mordent la main tendue du président, lui qui travaille vingt heures par jour pour le pays, pense à tous, veut le bien de tous »…

C'est sûrement le même discours qu'il a dû répéter tout au long de sa carrière sous Bourguiba. Il le répétera demain sans doute au profit de celui qui présidera aux destinées de la Tunisie.

« Comment comptez-vous abattre le président ?, me lança-t-il quand il eut terminé son discours. Quelle est exactement ta mission, l'objet de ton retour en Tunisie ?

— Mais qui parle de l'abattre ?, rétorquai-je, effrayé. Notre action est strictement politique. Je ne suis tout de même pas un assassin, et je ne crois pas qu'un seul de ceux qui se sont engagés dans cette entreprise le soit ! Et puis, je n'ai aucune mission : je suis rentré tout simplement pour passer les fêtes en famille. Une femme et cinq enfants, cela mérite quand même le déplacement !

« Par ailleurs, je ne suis pas un professionnel de la politique. Je m'y suis intéressé en dilettante et uniquement dans les périodes de crise. Je vous le dis franchement, Si Hammadi, si les promesses faites il y a quatre ans avaient été tenues, je me serais abstenu de m'occuper de politique. Malheureusement, ce ne fut pas le cas.

« Il y a aussi autre chose, dans mon cas personnel, qui m'a ouvert les yeux et m'a décidé à m'engager là où je suis. C'est la situation de déliquescence avancée de l'État que je découvris un jour à l'occasion d'un incident mineur. Est-il normal que je me batte durant cinq mois pour obtenir un passeport à mon fils, condamné à l'âge de quatorze ans pour des motifs politiques et entre-temps amnistié ?

« Est-il normal que je me batte durant sept mois et vainement pour obtenir mon passeport, que j'écrive et télégraphie au chef de l'État, au Premier ministre, aux ministres de l'Intérieur et de la Justice et à tous les responsables de la police pour un passeport ? Pourtant je n'ai jamais été condamné, pas même pour mes opinions. Puis, quand le Premier ministre Baccouche réagit favorablement et recommande à son ministre de l'Intérieur de me délivrer un passeport, celui-ci refuse.

« C'est tout de même curieux que dans l'État de droit si vanté, un Premier ministre n'ait pas le pouvoir de faire délivrer un passeport à un citoyen sans tache ! Ce qui est plus grave, c'est que j'ai eu ce passeport en moins d'une heure et en dehors des heures légales de travail, au ministère même, et signé par un secrétaire d'État. Tout cela sur un simple coup de téléphone de Kamel Letaief, commerçant en matériaux de construction. Il est vrai que j'ai dû m'engager par écrit à n'apporter aucun soutien au Mouvement des démocrates socialistes, parce que j'avais facilité un jour à son secrétaire général, le docteur Mustafa ben Jaâfar, l'organisation d'une réunion de son parti dans ma localité.

« Faites de moi ce que vous voulez, Si Hammadi, mais croyez que je n'ai jamais eu autant honte de mon pays que ce jour-là. Si j'avais eu mon passeport au poste de police de ma localité, le plus normalement du monde et dans les délais, j'aurais hésité à combattre un chef d'État pour lequel j'avais voté et appelé à voter. Après tout, les vingt mille voix qui s'étaient portées sur mon nom s'étaient aussi portées sur le sien. Je l'avais fait en toute responsabilité, sans la moindre crainte et encore moins pour lui plaire.

« Pour moi, cette affaire de passeport est la goutte qui a fait déborder le vase. Je n'accepterai jamais que l'État tunisien, plus ancien que celui de nombreuses grandes puissances, perde en quelques années ses prérogatives, non point au profit d'une instance supranationale, mais au profit d'un pouvoir parallèle et occulte. Cela ne vous offusque pas, vous, Si Hammadi, un haut cadre de l'administration ? »

Visiblement agacé, il esquissa une explication : « On a toujours besoin d'intermédiaires pour ce genre de choses.. » commenta-t-il. Il se ressaisit aussitôt, réalisant que les rôles étaient en train de s'inverser. « Tout cela ne fait qu'aggraver ton cas », enchaîna-t-il.

Au fond, il était désarçonné. Il devait sûrement souffrir

lui aussi du poids grandissant de la pègre et de ses pouvoirs tentaculaires sur l'administration et les diverses structures de l'État. On a beau être un policier discipliné, et même un ripou, on n'en demeure pas moins un citoyen et peut-être même un patriote.

Il revint à la charge, pour me décrire les sombres perspectives qui m'attendaient. Pour lui, je demeurais le pivot d'une conjuration universelle contre le président et son régime, qu'il se devait d'instruire pour en démasquer les coupables.

Vers 19 heures, on m'intima l'ordre de m'habiller et de me préparer pour une rencontre. Escorté par trois policiers en civil, je descendis péniblement les deux étages de l'immeuble. Ne tenant pas sur mes jambes, je faisais porter le poids de mon corps sur la rampe de l'escalier.

Une voiture nous attendait à la porte. On m'y poussa sans ménagement, de crainte qu'un regard indiscret ne me reconnût. Il faisait pourtant très noir et très peu de gens se risquaient dans les parages à une telle heure. Le voyage fut bref. Quelques secondes plus tard, nous étions en face du bâtiment central du ministère de l'Intérieur. Je m'y attendais un peu et j'espérais être reçu par le ministre Kallel. Au moins je serais en face d'un homme politique avec lequel je pourrais discuter.

Je dus déchanter rapidement.

Chez le patron

Je fus introduit dans une grande salle du premier étage. A gauche de l'entrée, derrière un immense bureau, trônait le maître des lieux. Sa tête ne me revenait pas et je ne crois pas l'avoir connu auparavant. Mais, au nombre d'agents en armes postés dans les couloirs, il était facile de deviner que c'était un personnage clé dans le dispositif répressif.

Il ne payait pourtant pas de mine et rien ne l'aurait distingué de ses nombreux gardes du corps s'il n'avait été assis là. Au propre comme au figuré, il ne « remplissait pas son fauteuil », comme disent les Tunisiens de toute cette classe d'hommes qui a hérité des destinées du pays.

Il fit un signe pour qu'on me pousse une chaise, suffisamment loin de lui pour marquer toute la distance qui nous séparait. Plus tard, tout à fait à la fin de mon aventure, j'aurai droit au fauteuil jouxtant son bureau, lorsqu'il me rendra mon passeport et qu'il s'agira de définir les termes de notre future collaboration. On n'en était pas encore là.

« Qu'est-ce qui t'arrive donc ? Tu es complètement déglingué, me dit-il sur un ton méprisant. Hier encore tu faisais pourtant peur !

— Vous savez, avec mes cinquante-cinq kilos et mon âge, je ne crois pas faire peur à qui que ce soit », répondis-je en guise d'excuse.

Hammadi, qui s'était entre-temps installé à la droite de son supérieur, intervint pour dire qu'il avait senti dans mon attitude un début de coopération, mais qu'il attendait mieux de moi. « Ahmed est plein d'informations, mais il demeure encore bloqué », dit-il à son patron. Un psychiatre n'aurait pas fait meilleur diagnostic. Se tournant vers moi, il ajouta, menaçant : « Écoute, Ahmed ! Monsieur le directeur général a tenu à te voir. C'est un grand honneur et ta dernière chance pour t'amender. Je te conseille de la saisir. »

Je n'eus pas le temps de réagir. Le patron, jusque-là occupé à répondre aux nombreux appels téléphoniques, me devança : « Ahmed, ton cas a été discuté au plus haut niveau. Alors, voilà ce que je te propose : tu dis tout, absolument tout, et tu seras rétabli dans tes droits. Tu auras ton passeport et tu pourras reprendre ton travail aux Nations unies. »

Puis, comme titillé par une information qu'il tenait à vérifier, il ajouta : « Mais qu'est-ce que tu leur fais donc, salopard, pour ce salaire de sept mille dollars ? » Et, se tournant vers Hammadi : « Ça fait presque sept millions, n'est-ce pas ?

— Oui, oui, oui, monsieur le directeur général »,
répondit l'autre avec un insistant hochement de tête.

Je n'osai pas lui dire qu'il était en deçà de la vérité
d'un tiers.

« Ce salaire, ce poste aux Nations unies et tous ces
honneurs, tu les dois bien au président ? Qu'as-tu donc
à faire avec ces vendus de Mzali, Baccouche, Mokni et
Bennour ? »

S'ensuivit un discours sur les sacrifices du président,
ses horaires de travail, le fait qu'il n'avait pas de fils qui
étudient à l'étranger...

Le moment n'était pas à la témérité inconsidérée, mais
à la manœuvre. Depuis le début de la matinée, j'avais
fait mon choix. Il me fallait sortir pour témoigner et
dénoncer, face au monde, l'hypocrisie dévastatrice de ce
régime. Pour cela, j'étais prêt à tous les compromis, à
signer n'importe quel engagement. Il me fallait donc
jouer jusqu'au bout la carte du « repenti prêt à se
racheter ».

« En revanche, si tu continues à résister, à nier et à
retarder l'instruction, alors tu n'auras à t'en prendre qu'à
toi-même. Ce sera pour toi la mort ! »

En bon pédagogue, pour appuyer davantage l'idée et
lever toute ambiguïté sur ses intentions, le patron des
Services spéciaux leva le bras droit puis le baissa d'un
coup, le pouce pointé vers le sol : la rédemption ou
l'abîme !

C'était un mauvais calcul de sa part. Au fond de moi-
même, rien, ce jour-là, ne m'était plus cher que la mort.
Elle m'aurait délivré de mon calvaire et servi peut-être
à quelque chose. D'autant que je ne croyais qu'à moitié
à ses promesses.

Je promis de dire tout, de collaborer totalement et sans
la moindre réserve, et le priai de transmettre mes vifs
remerciements au président pour sa mansuétude infinie.

La première manche était presque gagnée, mais le
chemin était encore long.

Celui qui nous ramena à la case départ était, lui, très
court. Une voiture de police, même banalisée, ne se gêne

pas pour rouler en sens interdit, surtout à une heure tardive. En quelques secondes, nous étions revenus devant l'immeuble. J'escaladai péniblement les deux étages, insensible à la beauté des faïences des murs. Arrivés tout en haut de l'escalier, les deux agents qui m'escortaient se collèrent à moi. Celui qui me tenait par l'épaule serra un peu plus sa prise. L'espace d'une seconde, une idée morbide m'effleura l'esprit. Je plongeai le regard en bas et estimai la profondeur du trou, accentuée par l'obscurité. Et si je plongeais carrément, tête la première ?

La porte s'ouvrit, ce qui stoppa net cette idée saugrenue. Plus rien à entreprendre. De retour dans la pièce, je me mis à réfléchir sur ce qui m'avait pris d'envisager une telle issue. D'ailleurs, en quoi un suicide aurait-il servi ma cause ? Il aurait au contraire réjoui mes tortionnaires, et profondément meurtri les miens.

Durant les mois suivants, de nombreux décès en détention, à la suite de séances de torture musclées, ont été grossièrement maquillés en suicides. Ni les enquêtes minutieuses d'Amnesty International et de plusieurs autres organisations de défense des droits de l'homme, ni les témoignages nombreux et concordants de camarades de détention et de parents des victimes ne firent reculer les autorités.

Celles-ci trouvèrent même suffisamment d'intellectuels de service pour plaider leur cause auprès de ces mêmes organisations, souvent sensibles au discours de ces carriéristes de l'humanisme.

Malgré sa bonne volonté pour me procurer un repas chaud, l'heure tardive empêcha le préposé à cette tâche de le faire. Il me rapporta ce qu'il avait trouvé : un yaourt, un morceau de fromage et du pain. Je me contentai du yaourt, réservant le reste pour plus tard. Je craignais de me réveiller au milieu de la nuit, tenaillé par la faim, dans l'attente du café du matin.

Je m'emmitouflai sous la couverture et commençai une longue prière que j'espérais porteuse d'un sommeil reposant. Mes gardiens, bruyants la veille, se firent plus discrets. La perspective de ma collaboration et sans doute les consignes de leur chef les convainquirent de me laisser tranquille pour la nuit. Ils s'éclipsèrent aussitôt qu'ils se furent assurés de mon intention de dormir, laissant cependant la lumière allumée.

Intox

Je dormais depuis quelques minutes quand des éclats de voix provenant de la pièce voisine me réveillèrent en sursaut. Interrogatoire ou discussion violente entre collègues ?
Une voix m'était tout particulièrement familière. Je tendis l'oreille. Pas de doute, c'était celle de mon fils Badis. Je l'aurais reconnue entre mille, dans le tohu-bohu d'un souk. La discussion tournait autour de logiciels, de disquettes, de la personne qui le fournissait, de l'usage qu'il en faisait. Tout m'était familier, la voix, le sujet et les noms. Aussitôt me revinrent à l'esprit les interrogations inquiètes de l'un des policiers qui m'avaient ramené à Tunis sur les disquettes qui auraient dû accompagner le matériel informatique saisi. Les choses me semblèrent parfaitement claires : « On l'a ramené pour l'interroger là-dessus », me dis-je. Le ton finit par monter, puis les injures fusèrent, entrecoupées de bruits de coups, de protestations et de cris. J'étais sûr que Badis passait son heure de vérité. Ne m'avait-on pas promis la veille que toute la famille viendrait me rejoindre ? Je n'avais pas oublié le sort promis par Hammadi à chacun de ses membres. Ce soir-là, c'était au tour de Badis. Peut-être les autres étaient-ils interrogés ailleurs, à un autre étage ou dans un autre local.
Les cris redoublèrent. Je me couvris la tête et me bouchai les oreilles. Vainement. Ils continuèrent à me transpercer le cœur jusqu'au petit matin.
Plus tard, après ma libération, j'ai su qu'il ne s'agissait pas de mon fils. C'était un autre jeune Tunisien qui découvrait, en ce printemps 1991, les délices du paradis

de Ben Ali, ou tout simplement un simulacre destiné à me faire chanter. Quoi qu'il en ait été, ils ont très bien réussi leur coup, puisque durant mes deux semaines de détention, j'étais convaincu qu'il s'agissait de mon fils et qu'on s'était « occupé » de ma famille.

Je m'étais hasardé à m'en assurer au bout de quelques jours auprès d'un policier qui m'avait témoigné moins d'hostilité que ses collègues. Dans ma situation, j'étais incapable d'une telle initiative. Mais un soir, trouvant sans doute lui aussi la nuit longue, il était venu me demander des nouvelles de Taher, Bochra, Badis et les autres enfants. Il connaissait toute ma famille. Je crus un instant qu'il était du même village que moi. Il y a toute une génération que mon absence du pays ne m'a pas permis de connaître.

« Mais pas du tout, je ne connais même pas Ouardanine, me dit-il.

— Vous étiez chargé de suivre ma campagne électorale alors ?, lui demandai-je.

— Non plus ! » Il était tout simplement l'agent chargé de suivre, au quartier général, les faits et gestes de ma famille, transmis par radio par ses collègues sur le terrain. C'est ainsi qu'il les a tous connus.

Il m'affirma qu'aucun de mes enfants n'avait été appréhendé. En tout cas, pas par leur service, m'assurat-il en souriant.

Comment le croire, alors que ce genre de représailles était devenu monnaie courante ? Les cas de prises en otage de membres de la famille d'un suspect en fuite, d'arrestations du frère, du père ou des enfants, s'étaient multipliés depuis des mois. La pratique des sévices corporels sur des proches des détenus, et en leur présence, s'était largement étendue. C'était, semble-t-il, le meilleur moyen pour arracher des aveux.

Au cours des mois suivants, quand la répression se généralisa et que les personnes en fuite se comptaient par milliers, les prises en otage de proches parents se systématisèrent. On a l'embarras du choix des exemples.

120

Sans « garantie de salut »

Abdelmagid ben Dhif, un jeune ingénieur, originaire de la campagne de Maktar, est recherché par la police. Il est 2 heures du matin, le 20 mars 1992 — jour anniversaire de l'indépendance — quand elle vient l'arrêter chez lui. Un dispositif imposant encercle la maison. Tout est prêt pour attaquer. L'ordre est donné : des éléments escaladent les murs, mitraillette au poing, d'autres se hissent sur le toit et les derniers défoncent la porte. La citadelle est prise et ses défenseurs se réveillent en plein choc. La fouille musclée terminée, Abdelmagid est arrêté en même temps que son père, un vieillard de soixante-dix ans. Celui-ci assistera des jours durant à son interrogatoire et à sa torture. Libéré, il ne survivra que quelques jours à ce double calvaire.

Abdelmagid apprendra la mort de son père en même temps qu'on lui apportera, pour la première fois, du linge et de l'eau pour faire sa toilette. Il y avait quatre-vingts jours qu'il était incarcéré. Et il aura davantage de temps encore pour méditer sur les bienfaits de l'« ère nouvelle ».

Les sévices sexuels ou les menaces de les utiliser ne manquent pas au tableau d'honneur des grands démocrates de Carthage.

Un rapport d'Amnesty International du 3 juin 1993 donne toute la mesure de la déchéance morale du système. A lui seul, le titre — « La torture, l'intimidation, le viol et le harcèlement pratiqués contre des centaines de femmes en Tunisie » — en dit long sur les hommes qui gouvernent le pays. Mais que les bonnes âmes se rassurent : à propos des femmes détenues dans les prisons tunisiennes, le docteur Nebiha Gueddane, ministre tunisien de la Femme et de la Famille, n'écrit-elle pas dans les colonnes de *Jeune Afrique*, en juin 1993 : « Vous serez surpris de voir leurs conditions de vie. Elles bénéficient d'une formation professionnelle, d'activités de loisirs, de conférences. Elles ont la télévision, un jardin, un pédiatre, un médecin, un psychiatre »… « De quoi donner

envie aux Tunisiennes de passer des vacances en taule »,
commentera *Le Canard enchaîné* du 23 juin 1993.

Pour la première fois dans l'histoire contemporaine de
la Tunisie, le principe de la responsabilité collective est
largement mis en vigueur. Nous sommes revenus à la
période antérieure à *ahd el aman*, au milieu du
XIXᵉ siècle.

A l'époque, le pouvoir beylical, isolé et en butte à une
profonde et grave contestation, ne se contentait pas de
réprimer et de sanctionner les seuls auteurs des délits de
rébellion. Il usait de vastes représailles sur les proches,
la famille, le douar et même la tribu. C'était de la médecine préventive avant la lettre.

Alors en Tunisie, comme plus tard au Maroc, des
tribus entières cherchèrent protection auprès des consulats
des grandes puissances. C'était le premier pas vers l'instauration des protectorats étrangers.

Pour la première fois, je cessai de condamner mes
aïeux pour leur manque de combativité face aux troupes
coloniales. Je rendis aussi un hommage à Bourguiba, ce
grand despote, mais tout de même éclairé.

Je m'endormis ce soir-là en me promettant de chercher
refuge avec toute ma famille, dès ma libération, auprès
d'une ambassade étrangère. Pas n'importe laquelle bien
sûr. Et tant pis pour tout un passé de militant anti-impé-
rialiste. Le moment était à la recherche d'un nouveau *ahd
el aman*, à l'image du « pacte de sécurité » accordé aux
Tunisiens de toutes confessions par le bey Mohammed
en 1837.

6

Aveux

Je n'en étais qu'à mon troisième jour. J'avais pourtant l'impression d'être entre ces murs depuis une éternité. Le plus important était de ne pas me laisser gagner par l'angoisse et le désespoir. Pour cela, il me fallait m'occuper à quelque chose et meubler mes moments d'inactivité. Mais comment le faire ? Rien de quoi ou sur quoi écrire, rien à lire non plus, sauf peut-être les bouts de journaux dans lesquels on m'apportait mes casse-croûte. Mais c'étaient souvent des vieux journaux.

J'en étais venu à espérer une prolongation des séances d'interrogatoire, que Hammadi et son équipe soient plus souvent avec moi pour me faire « travailler ». Heureusement, eux aussi étaient animés des mêmes intentions. Bousculés par leurs supérieurs et par l'agenda du président, ils tenaient à en finir au plus tôt.

Ce matin-là, ils arrivèrent plus tôt que d'habitude. Ils n'avaient pas dû beaucoup dormir. Après deux jours de tergiversations, il leur fallait du solide : des informations de première source sur le complot imaginé par leur chef.

Qu'à cela ne tienne, moi aussi j'étais prêt. Mon plan était fignolé et ma tactique au point.

Puisque le président avait décidé d'«éradiquer» le mouvement Ennahdha et d'en finir avec toute l'opposition — je n'ai eu connaissance du nom de code (*isti-sal* : éradication) de cette grande opération guerrière que quelques jours plus tard par une indiscrétion de Hammadi —, eh bien, j'allais lui démontrer que tel n'était pas l'avis de nombreux Tunisiens, et non des moindres.

Je décidai donc de ne plus couvrir personne et de citer tous ceux qui, au cours des trois années écoulées, s'étaient engagés, par esprit démocratique, réalisme ou opportunisme, à plaider la légalisation du mouvement nahdhaoui. Ils n'étaient pas rares, dans la classe politique, à estimer que la paix civile, l'équilibre social et le progrès du pays passaient par là. Anciens Premiers ministres, ministres en exercice, gouverneurs, députés, et jusqu'aux propres conseillers de Ben Ali, tous m'avaient assuré vouloir s'engager à vaincre les dernières réticences de leur chef à ce propos et à porter le problème devant les plus hautes instances du parti et de l'État.

Je ne me faisais guère d'illusions sur leur courage, leur probité intellectuelle et le niveau de leur conscience politique. J'étais persuadé au contraire qu'aucun de ceux à qui j'avais eu affaire n'irait jusqu'à exprimer solennellement le fond de sa pensée. On ne rompt pas facilement avec la mentalité d'esclave héritée de l'éducation bourguibienne.

Plus soucieux d'une retraite paisible et des honneurs devant accompagner leurs derniers jours que de l'avenir du pays, de nombreux politiciens n'hésitaient pas à ramper devant le puissant du jour. Ainsi, Abderrahim Zouari, alors ministre de la Justice et l'un des promoteurs de l'opération «éradication», n'hésita pas, devant la menace de raz de marée des listes indépendantes aux élections de 1989, à supplier Rached Ghannouchi, le leader du mouvement Ennahdha, de le ménager dans son fief.

Mouiller tout le monde

Il me fallait donc citer tout ce beau monde et ne rien omettre de ce qu'ils m'avaient déclaré et promis. On verrait bien comment ils réagiraient et se comporteraient devant le Pinocchio qu'ils s'étaient fabriqués. En adoptant tous les ans à l'unanimité le budget du ministère de l'Intérieur et en agrémentant chaque fois leur vote d'une motion de reconnaissance à la police, les honorables députés devaient bien savoir qu'elle devenait complètement incontrôlable et que, pour pallier son incurie devant le crime, elle prendrait le contrôle des consciences.

C'est la vieille histoire de l'apprenti sorcier. De simple exécutante de la loi, notre police s'est transformée, par la lâcheté des uns et les calculs des autres, à la fois en suprême législateur et en ultime juge. Le scénario est bien connu et ses mécanismes rodés.

Peut-on prétendre qu'on a affaire à de simples « bavures » lorsqu'un ministre de la police est arraché de son bureau, descendu dans les caves de son ministère et qu'il y subit toute la panoplie de la torture qu'il supervisait quelques heures auparavant contre d'autres ? Ce fut en tout cas le sort que connut, au cours de l'été 1990, Mohammed Ali el-Hammi, alias Chadly el-Hammi, secrétaire d'État à la Sécurité, pour une affaire de femme selon les uns, de haute trahison selon d'autres, à moins que ce ne fût, à en croire le magazine *Afrique-Asie* de décembre 1990, pour ses révélations sur les dessous de l'assassinat à Tunis du dirigeant palestinien Abou Jihad. Son procès se tiendra à huis clos, sans même le concours d'un avocat, mais il sera condamné à « seulement » quatre ans de prison.

« Bavure » aussi lorsqu'un Fredj Chedly, septuagénaire, ancien ministre de l'Éducation, connu pour sa douceur quasi féminine — ses amis l'avaient surnommé « l'agneau » —, se fait tabasser des jours durant sous les pieds de son collègue d'hier, quelques jours après son limogeage du gouvernement en septembre 1986 ?

125

« Bavure » encore lorsqu'un Ameur Ghedira, ancien secrétaire d'État à l'Intérieur et longtemps voisin de bureau de Ben Ali, se voit inviter, à son retour d'un voyage en octobre 1991, par les mêmes agents qu'il commandait, à choisir parmi les tessons de bouteille destinés aux supplices celui qui lui « convient » ?

Si le système permet que les anciens ministres eux-mêmes soient victimes de « bavures », on peut se demander si Ben Ali est bien conscient qu'il n'est pas à l'abri d'un retournement de situation et que, de chirurgien en chef du « bloc opératoire » du ministère de l'Intérieur, il risque de s'y retrouver un jour comme simple « patient ».

Franchement, je ne le lui souhaite pas, ne serait-ce que parce qu'il faudra bien mettre fin un jour, quels que soient la haine et la rancune accumulées et le désir de vengeance de ses victimes, à ces pratiques, dégradantes pour ceux qui les subissent mais aussi pour leurs exécutants.

Tout sauf l'essentiel

Avec Hammadi, on n'a pas le temps de réfléchir à l'avenir. Ce n'est même pas le présent qui l'intéresse. Ce à quoi je crois, ce que je pense, mes sentiments ou mes ressentiments le laissent froid. Il est en quelque sorte le psychiatre qui sonde les recoins secrets du subconscient. Ce qui l'intéresse, ce sont les informations bloquées quelque part dans une mémoire dont il n'a pas encore découvert le code d'accès. Comment lui prouver qu'au bout de deux jours et de quatre séances de torture j'étais devenu complètement amnésique, et que mes oublis, mes trous de mémoire et mes hésitations n'étaient pas feints ? Ce jour-là, j'avais même des difficultés à me souvenir des noms de mes enfants.

« Comment tu as connu Hédi Baccouche ? Quelles sont tes relations avec lui maintenant ? C'est par là que nous démarrons aujourd'hui, commença-t-il.

aveux

— Je le connais depuis longtemps, comme de nombreux Tunisiens. Mais mon premier contact avec lui date d'octobre 1985. Il était à l'époque directeur du parti destourien, et c'était à l'occasion du décès de mon oncle Abdallah Farhat. »

Baccouche avait quelque peu défié Bourguiba en prenant le risque d'organiser des funérailles nationales à un homme qui avait eu la malchance de terminer « mal » sa longue carrière politique ; il avait été notamment ministre de la Défense nationale de Bourguiba, puis était tombé en disgrâce. J'avais apprécié à l'époque la fidélité de Baccouche à un homme auquel la plupart de ses amis politiques avaient tourné le dos. Une attitude bien rare chez un destourien encore soucieux de son avenir politique.

La règle générale de la Tunisie des années quatre-vingt voulait que, tant qu'il est au pouvoir et en grâce auprès du « combattant suprême », un homme politique est adulé, porté au nues, même s'il n'a aucune envergure. Et tout le monde autour de lui, ses proches, ses amis et jusqu'à son chien, jouit des retombées de son prestige. Il suffit qu'il tombe en disgrâce, quelle qu'en soit la raison, pour que tout le monde se détourne de lui. Il n'aura même pas droit à la compassion de ceux qui l'ont précédé dans sa traversée du désert. Ceux-ci, comptant sur les effets du temps, sur l'oubli ou tout simplement sur un changement d'humeur du prince, et vivant sur l'espoir rarement déçu d'un retour en grâce, ne se risquent jamais à une solidarité problématique avec le nouveau disgracié. Sous Ben Ali, cette règle n'a pas changé.

Orfèvre en matière de morale de la classe politique tunisienne, ce dernier ne daigna d'ailleurs même pas envoyer un télégramme de condoléances à la famille du défunt. Il devait pourtant à Abdallah Farhat son grade de général, « sans le bac », comme aimait à le rappeler Bourguiba, et le poste de directeur général de la Sûreté qui le sortit de l'anonymat.

« Mais c'est plus tard que j'ai connu Baccouche un peu mieux. » Et je racontai à Hammadi mes premiers

127

contacts avec l'ancien Premier ministre. « C'était tout d'abord, tant qu'il était aux affaires, par l'intermédiaire de son beau-frère, maître Abderraouf Bouker, pour le convaincre de la nécessité de légaliser le mouvement islamiste. J'eus avec lui une première rencontre après sa démission, chez Bouker, et je lui parlai de notre projet d'initier un rassemblement des forces démocratiques en Tunisie. Il avait donné son consentement à la formule que je lui avais présentée : elle intégrait toutes les forces d'opposition, y compris le mouvement Ennahdha et les exilés. Il promit de nous rencontrer à l'étranger, à la première occasion, mais ne put le faire !

— Pauvre de toi ! Mais il a rencontré Mzali, et tous deux te l'ont caché, m'interrompit Hammadi. Des renards comme eux, qui se retrouvent à Paris en même temps et ne se rencontrent pas ? Tu vas me faire croire ça ?

— Je n'en sais rien en tout cas et puis c'est leur affaire, répondis-je. Après tout, ils n'ont pas besoin de moi pour se rencontrer... Et puis la deuxième fois, c'était mardi, la veille de mon arrestation. »

Hammadi fut interloqué : « Tu l'as donc vu mardi ? Mais comment tu as fait ?

— Le plus simplement du monde. J'avais un rendez-vous chez lui à onze heures et j'étais parti assez tôt de chez moi, ce jour-là, par le bus jusqu'à Sousse, puis par le train jusqu'à Tunis. » Je lui récitai mon emploi du temps dans ses moindres détails. « Au lieu convenu, une voiture est venue me chercher et je me suis retrouvé cinq minutes plus tard chez l'ancien Premier ministre.

« Il y avait même, à une cinquantaine de mètres de la maison, un jeune homme qui essayait de passer inaperçu. Mais n'importe qui l'aurait identifié comme policier. Un seul policier pour quelqu'un de l'envergure de Baccouche, alors que mon humble personne mobilisait toute une escouade : quelle misère !

« Mais à ma sortie de chez Baccouche, l'agent quitta son poste de guet et se dirigea vers l'autoroute X, toute proche. C'était aussi mon chemin et je remarquai la présence d'une voiture banalisée, avec quelqu'un au volant à qui l'agent dut faire son rapport.

— Qu'est-ce que vous vous êtes dit, avec Baccouche ?

— Je l'ai tenu au courant des derniers développements de notre projet et des personnalités contactées depuis notre dernière rencontre. Il demeurait d'accord sur le principe et restait ouvert à la collaboration avec tout le monde. Il s'était simplement réservé le choix du moment pour l'annoncer. Il m'a fait comprendre en tout cas qu'il espérait toujours influer sur le cours des événements à travers ses bonnes relations avec le président... »

Cela ne plaisait guère à Hammadi. Il avait pour mission de couler Baccouche et devait, pour cela, le charger de tous les crimes du monde. Il cherchait manifestement à lui attribuer un rôle dans le scénario de complot en cours de fabrication. Son ton sarcastique, ses propos malveillants et ses mimiques ne laissaient aucun doute à ce sujet.

J'étais convaincu qu'il appliquait en cela les consignes de Letaief. Ce dernier avait réussi, en quelques semaines de harcèlement, à faire démissionner Baccouche, deux ans auparavant. Il avait dû se jurer de l'achever définitivement et de lui ôter tout espoir de retour aux affaires, pour barrer à Ben Ali toute issue de sortie. C'était la fuite en avant, et la garde rapprochée de Letaief, les Zouari, Kéfi et autres, y trouvait son seul salut.

« Mais tu as rencontré Baccouche chez son beau-frère à Sousse, au mois de Ramadan !

— Non, pas du tout. Il n'était pas là et il n'était pas prévu que je le rencontre à cette occasion. »

Profondément déçu que ses limiers se soient trompés, Hammadi me débita leur rapport circonstancié. Tout y était, des immatriculations des voitures aux lieux et heures de rendez-vous, tout sauf l'essentiel.

Il me fallut toute la matinée pour le convaincre que, sur ce point au moins, ses hommes s'étaient trompés, et que je leur avais échappé par ailleurs toute une journée.

La pilule était amère pour un homme qui disait tout haut sa fierté d'avoir dressé une si bonne équipe. Je devais lui en faire avaler une autre, plus amère encore, un an et demi plus tard, en organisant l'évasion des six membres de ma famille, alors qu'ils étaient tous sous haute surveillance.

Le repos des guerriers

Il lança un dernier ordre à ses hommes, celui de ramener Omar Shabou, et il pourrait partir. La journée avait été fastidieuse. Nous avions « travaillé » d'arrache-pied pendant près de quinze heures, et le guerrier avait besoin de repos.

« Où est-ce qu'on peut se soûler la gueule un vendredi soir ? » lança-t-il dans le couloir.

Les réponses fusèrent de tous côtés. Il n'avait que l'embarras du choix et il pouvait partir tranquille. Le dossier du front démocratique de l'opposition tunisienne, encore à l'état de projet et pour certains un simple rêve, était entièrement ficelé. Il serait livré dans les prochains jours à qui de droit, et présenté à la presse nationale et internationale, deux semaines plus tard, à l'enseigne d'un « complot diabolique du mouvement Ennahdha ».

Trois jours auront suffi pour impliquer une bonne partie des hommes politiques du régime. Aucun d'eux n'a été cité indûment ou chargé plus que ne m'autorisaient ses propres déclarations. Deux anciens Premiers ministres, une option sur le Premier ministre en exercice, une trentaine de ministres, de députés, de gouverneurs, anciens ou en exercice, et même des conseillers du sérail étaient impliqués. Il ne s'agissait pourtant que de ceux dont je m'étais chargé personnellement ; j'avais omis de citer les nombreuses personnalités devant être contactées par d'autres que moi. C'était une grande partie de la société civile et une bonne part de ce que la Tunisie comptait encore d'hommes et de femmes crédibles.

Il y avait de quoi peupler de cauchemars les nuits blanches de l'intrus de Carthage, ou plus modestement de quoi lui ouvrir les yeux.

La suite des événements montrera qu'il n'a rien compris à rien. Tout comme il a perdu en quelques mois son capital inestimable de départ, il laissera passer cette occasion pour redresser la situation. Il est vrai qu'entre-temps il s'était assuré, moyennant prébendes, pressions et chantages en tout genre, l'appui des partis karakouziques — Karakouz est le guignol du théâtre de marionnettes ottoman — de la place et de sa mythique société civile, inventant même le « concept »... d'« État civil », sans trait d'union, hybride de l'État et de la société civile. Longtemps déchiré entre pseudo-libéraux et conservateurs, le pouvoir s'est mis à la mode du jour : « Réglons-leur d'abord leur compte, nous réglerons les nôtres après. » C'est l'esprit *mafioso* qui s'installe en Tunisie, cette fois pour de bon.

En fait, c'est à la Tunisie tout entière, à son passé de tolérance et de convivialité, au présent mais surtout à l'avenir d'une jeunesse avide de liberté, assoiffée de démocratie, profondément frustrée et désespérée, qu'on règle son compte.

En même temps, d'autres comptes, bancaires ceux-là, des membres de l'oligarchie, répartis entre les grandes places financières du monde, ne cessent de grossir, au rythme de l'endettement du pays et de la paupérisation de ses citoyens. Avec une dette extérieure de 7 milliards de dollars à la fin 1994, la Tunisie a, proportionnellement à sa population, presque la même dette que l'Algérie. C'est sa structure qui la rend plus supportable et moins décriée. Par ailleurs, un rapport public du Bureau international du travail d'octobre 1992 [1] estime à 20,6 % les Tunisiens vivant en dessous du seuil de pauvreté, selon les normes locales : en forte augmentation par rapport à la période précédente et au moment où le pays est présenté comme un dragon potentiel ! Les deux récoltes agricoles de 1993 et 1994, très mauvaises malgré l'optimisme officiel, ont encore assombri le tableau.

---

1. PNUD/BIT, *Plan d'action de lutte contre la pauvreté en Tunisie*, 1992.

Week-end

Que faire de son temps quand on en a à profusion, qu'on est seul et qu'on n'a rien pour le meubler ? Pas question surtout d'engager la discussion avec mes gardiens. Les consignes de leur hiérarchie sont strictes. Ils ne doivent m'adresser la parole que pour répondre au strict minimum, m'escorter aux toilettes, m'apporter à boire ou à manger.

Des êtres appartenant à des planètes différentes et n'ayant rien en commun, pas même le langage, se seraient inventé un mode de communication et auraient échangé le minimum. Il me fallut attendre le douzième jour de ma détention pour entendre l'un de mes gardiens me demander mon nom et d'où je venais.

Ils n'étaient pourtant pas méchants, en dehors des séances de torture. Tous n'y avaient pas pris part, d'ailleurs, et certains n'hésitaient pas à m'adresser de temps en temps des signes discrets de sympathie. Les regards attendris des uns, les encouragements d'autres à espérer, me furent d'un grand réconfort. Mais pouvaient-ils faire plus, dans le climat de suspicion qui règle leurs relations ? La plupart du temps, ils s'épiaient entre eux, plus qu'ils ne me surveillaient moi-même. D'ailleurs, ils n'avaient rien à redouter de mon côté. Constamment allongé sur mon lit, endormi ou éveillé, je me faisais remarquer le moins possible.

Le samedi après-midi, j'avais dormi sans discontinuer. Trois nuits blanches et de nombreuses séances d'interrogatoire et de torture m'avaient complètement vidé. Une toux caverneuse et une forte fièvre finirent par m'anéantir complètement.

En me réveillant vers minuit, je m'étais aperçu que j'avais dormi, des heures durant, sur le même côté. J'étais tout simplement incapable de me retourner. Mon corps était figé et mes forces anéanties.

Ce réveil au milieu de la nuit ne me disait rien qui vaille. Je savais que, quoi que je fasse, je ne pourrais plus me rendormir. J'avais de plus sauté le casse-croûte

132

du soir, m'étant couché avant le passage de l'agent responsable de la pitance des détenus.

Dès qu'ils avaient ce qu'ils voulaient, que l'instruction apportait de l'eau à leur moulin, mes hôtes ne se souciaient plus de moi. A midi, Hammadi était venu lui-même s'enquérir de mes *desiderata*, me conseillant pour mon déjeuner les brochettes-frites du chef ou le poulet rôti. On ne manque pas d'humour dans la police tunisienne.

« Apportez-lui tout ce qu'il veut », recommanda-t-il à ses collaborateurs avant de partir. J'étais très précieux pour lui. Sa promotion dépendait-elle de l'instruction de mon dossier ? Mais non, pas du tout ! J'ai appris, au fil des discussions avec mes gardiens, que Hammadi aurait déjà dû être à la retraite depuis quelques années. Son expérience et sa haute qualification l'avaient rendu indispensable au service. Ben Ali lui avait donc fait une rallonge de deux ans, qui touchait à sa fin.

Dans quelques mois, il allait commencer sa traversée du désert. Il finira en désespoir de cause par hanter les cafés proches de son ancien quartier général, en auxiliaire assidu de ses anciens collaborateurs. Puis, quand plus personne ne voudra de ses informations, il ira, relégué dans une arrière-boutique de l'histoire, broyer du noir jusqu'à la fin de ses jours. A moins que, visité par la grâce et faisant valoir sa formation zitounienne, il ne s'installe comme imam de la mosquée de son quartier.

Ce soir-là, je faillis regretter l'interrogatoire et la présence de Hammadi. Avec lui, mon casse-croûte était garanti ainsi que la compagnie, si peu recommandable fût-elle.

Je me rabattis sur quelques morceaux de sucre, que mon diabète naissant m'avait conduit à mettre de côté au cours des jours précédents. Tant pis pour le taux de glycémie, ou peut-être tant mieux : je préférais passer mon week-end dans le coma, en salle de réanimation, qu'entre ces quatre murs, serré par l'angoisse, pressuré par la peur. Cela m'éviterait en tout cas de réfléchir et ce serait peut-être l'occasion pour ma famille de connaître mon sort.

Je me mis à imaginer le désarroi de ma femme, sans nouvelles de moi depuis quatre jours. Malika était certes habituée à mes absences. Depuis vingt-trois ans qu'elle partageait ma vie, elle m'a souvent vu partir pour de longs voyages. Nous nous étions entendus, depuis le début, pour assurer un minimum de stabilité aux enfants. C'était indispensable pour une scolarité normale, mais davantage encore pour leur équilibre affectif.

Il fallait qu'ils soient profondément ancrés quelque part. Nous avions choisi très tôt d'élire domicile dans mon village natal. Ce ne fut pas sans grincements de dents de sa part. Elle voyait mes amis investir dans des lots de terrain et des villas en ville et sur les plages, et moi insister pour retourner aux sources. D'ailleurs, j'étais prêt à la suivre à El Maïn, chez elle, dans les monts de Kabylie, tant m'était insupportable l'idée de passer toute une vie dans une grande ville.

Mes origines paysannes l'avaient en définitive emporté sur toute autre considération. Mais je demeurais, au plan du travail, un Bédouin impénitent. En d'autres circonstances, quatre jours d'absence n'auraient eu aucun effet sur ma famille. Mais partir escorté par une escouade de policiers anonymes, vers une destination inconnue, c'était tout autre chose.

Rien ne garantissait mon retour. Mais ce n'est pas tant la mort qui me préoccupait ou qui devrait préoccuper les miens. Je crois que la mort, malgré la profonde douleur qu'elle occasionne aux vivants, demeure la chose la mieux acceptée par le musulman. On vient à la vie, on y passe un moment et puis l'on meurt : quoi de plus naturel ? Fatalisme musulman ? Peut-être. Que l'on ne dise surtout pas que le musulman est incapable de chagrin à la perte d'un proche ou d'un ami. C'est tout le contraire. Mais quelques heures après le dernier adieu au défunt, quelques jours au plus et si exceptionnels que soient le défunt et les circonstances de sa mort, tout rentre dans l'ordre. Aussi n'ai-je jamais connu autour de moi une seule personne qui ait porté le deuil pour l'être le plus cher. Ma défunte mère n'a jamais versé une larme pour quiconque des êtres qu'elles a aimés et perdus. Dieu sait pourtant combien cette femme de caractère était sensible aux choses et aux événements les plus anodins.

Tout est dans le cœur, rétorquait-elle à ses détracteurs. Et le sien n'était pas atrophié. Il y avait de la place pour tout et pour tous. Je me souviens toujours de sa réflexion, au début des années cinquante, en voyant l'un de mes frères s'apprêter à prendre le maquis et en remarquant mon ébullition patriotique : « Mais pourquoi devrions-nous nous battre avec les Français, mon fils ? » me demanda-t-elle. « Pour les sortir de chez nous et obtenir notre indépendance », lui répondis-je, ânonnant un des slogans de l'époque. « Mais laissons-les vivre avec nous, il y a de la place pour tout le monde », répétait-elle.

Que dirait-elle aujourd'hui si, vivante, elle connaissait la démesure de l'intolérance qu'un despote pratique à l'encontre de ses propres concitoyens, et si elle apprenait que des milliers des siens sont contraints à l'exil, tandis que d'autres, plus nombreux encore, croupissent dans les prisons ?

Assurément, elle n'aurait pas baissé les bras. Elle aurait agi, comme elle l'avait fait en 1969, quand mon père et des centaines de paysans dépossédés de leurs lopins de terre se révoltèrent contre le despotisme de l'époque et subirent l'internement et la prison. Elle participa à l'organisation de la manifestation des femmes de Ouardanine de janvier 1969, qui fit reculer le régime.

Je savais que Malika et les autres ne baisseraient pas les bras. Chacun, à sa façon, remuerait ciel et terre pour connaître mon lieu de détention.

La famille est restée en Tunisie, mais aussi dans toute la terre d'islam, une des rares institutions sociales à résister à la terreur de l'État. Elle constitue le dernier refuge du marginal, du contestataire, du laissé-pour-compte et de toute victime de l'injustice.

Il faut dire aussi que tout au long du règne de Bourguiba, personne n'osa s'y attaquer. La solidarité familiale était une valeur refuge pour tous, et tout un chacun s'employait à la conserver et à la protéger.

Il fallut attendre le règne des clans mafieux né du coup d'État du 7 novembre pour que s'effritât le sens de cette solidarité. Les intimidations à l'encontre de parents trop accueillants, les arrestations et les séquestrations de proches trop solidaires, les procès de représailles intentés à des amis trop compatissants, bref l'instauration de la responsabilité collective en droit et dans les faits, ont fini par la faire voler en éclats. Or une famille non solidaire n'est plus une famille. Et c'est ainsi que cette dernière, et à moins d'un sursaut salutaire qui rétablirait l'ordre des choses, est en voie de destruction.

Dans les mois suivant ma détention, cette tendance s'affirmera avec plus de vigueur. Et à moins d'être un *apparatchik* ou un indicateur notoire de la police politique, le parent au troisième degré d'un opposant politique, jugé tiède dans son soutien au pouvoir ou refusant de dénoncer le parent téméraire, court le risque de subir les représailles de l'« État de droit ». S'estime heureux celui qui n'est pas licencié de son travail, qui ne perd pas son commerce par simple arrêté municipal ou sous les attaques répétées des agents du fisc, et qui accepte de se faire racketter par les tontons macoutes du Destour ou les agents des nombreuses polices officielles et parallèles.

Dehors, la vie...

Je ne sais l'heure à laquelle je m'étais endormi ce matin-là. Je n'avais plus le sens du temps. La lumière du néon avait brouillé dans mon esprit la notion du jour et de la nuit. En ce jour « férié » et en l'absence d'interrogatoire, j'étais tout simplement hors du temps.

Je fus réveillé tard dans l'après-midi de ce dimanche par les coups de klaxon et les cris enthousiastes de supporters d'un club de foot. Lequel, du Club africain ou de l'Espérance, avait gagné ? Mes gardiens commentaient

136

bruyamment le résultat. Cela m'était déjà indifférent auparavant et, dans ma situation, cela me laissait totalement froid. Je me suis surtout étonné que des gens puissent encore être heureux en Tunisie. A moins que cette joie, bruyante et tapageuse, ne soit un dérivatif à l'extrême angoisse qui les habitait. Mais que savaient-ils, les pauvres, de ce qui se passait sous leurs pieds et au-dessus de leurs têtes ? Savaient-ils déjà que leur enthousiasme pour tel ou tel club sportif était canalisé et mis à profit dans une entreprise d'abêtissement collectif et de consolidation du pouvoir d'une des branches de la mafia politique ?

Il y a longtemps que le sport, et surtout le football, la discipline la plus populaire, a cessé d'être une activité culturelle de groupe. Il faudrait descendre au niveau de ses manifestations de quartier pour retrouver un peu de son essence originelle.

Ailleurs, dans les pays industrialisés notamment, un grand club sportif est avant tout une entreprise financière, génératrice de profits et à l'occasion de pots-de-vin, de détournements de fonds, de corruption et de scandales. En Tunisie, c'est d'abord un parti politique, générateur de postes ministériels, de trafics en tout genre et particulièrement d'influence.

7

Confrontations

La seconde semaine commença plutôt mal. Contraire-
ment à son habitude, Hammadi arriva très tard au service. Rien non plus ne l'annonça dans les couloirs. Il fit
irruption dans la chambre sans crier gare, congédia les
gardiens d'un mouvement de tête et m'ordonna de me
relever.

« Alors, tu t'es moqué de moi, salaud ! J'étais sûr que
tu n'es pas un homme, fils de pute ! En fin de compte,
tu n'es pas meilleur que tous ces fils de chiens, vous
méritez tous la mort ! » Il eut un rictus de mépris. « Et
dire que je t'ai traité en prince ! »

Je sentis mon cœur battre la chamade. Des sueurs
froides me traversèrent le dos. J'envisageai le pire. Je me
relevai néanmoins et enfilai chemise et pantalon à la hâte.
Mais je ne pus tenir debout.

« Mais en quoi l'ai-je fait, Si Hammadi ? Je vous
assure que je vous ai tout dit !.

— Tout, n'est-ce pas ? Je viens de chez monsieur le
ministre, à qui j'ai dit du bien de toi, et voilà qu'il me
sort tout un dossier sur tes relations avec les colonels
Mansouri et Chebbi et d'autres officiers de l'armée. Et

tu oses dire encore que tu n'as rien caché ? Non, c'est fini. Fini les égards et le respect, je vais te confier à d'autres que moi et tu verras ce que c'est que l'interrogatoire. Tu l'as voulu et tu le mérites bien ! » Il sortit en claquant la porte.

J'essayai de le rattraper, l'implorant de m'écouter : « Je vous dirai tout, je n'ai rien à cacher ! »

Je restai hébété. Mes jambes flanchèrent et je m'affalai sur le lit, figé par une peur indescriptible. Je ne remarquai même pas le retour de mes gardiens. Ils avaient entendu les propos de leur chef. Leur hostilité monta d'un cran.

Je me perdis en conjectures sur ce qu'ils avaient appris, mais surtout sur ce qui m'attendait. J'envisageai le pire, la torture au chalumeau, la gégène, les tessons de bouteille dans l'anus, le « chat dans le seroual » et je ne sais quelles autres de ces innovations techniques qui font la fierté des spécialistes tunisiens de la question. Je me mis à regretter de ne pas avoir plongé du haut du deuxième étage quand j'en avais eu l'occasion. Je n'aurais pas été là maintenant, à trembler de peur d'être torturé.

Ces horreurs n'étaient pas des fantasmes, la réalité tunisienne défiant les imaginations les plus fertiles.

C'est à la suite de l'« introduction d'un objet tranchant de quinze centimètres dans l'anus » que Fayçal Barakat, jeune étudiant en mathématiques et militant islamiste, est mort après une longue et effroyable agonie le 11 octobre 1991, concluait l'expertise d'un médecin légiste britannique, sur la base du rapport d'autopsie d'un médecin légiste tunisien. Les autorités tunisiennes avaient attribué la mort à un accident de la circulation.

Si Mohammed

Au bout d'un certain temps, Hammadi revint. Il n'était plus seul. Son compagnon était plus jeune que lui. A peine la quarantaine, mince, la taille élancée, il était

140

habillé avec une certaine élégance et portait des lunettes de vue. Un style rare dans la maison, même si on y voit de tout.

Je le pris un instant pour le médecin que je réclamais depuis longtemps. Je fus vite déçu. On m'intima l'ordre de me relever. Je m'exécutai automatiquement comme je le faisais depuis des jours, avant même qu'on me le demande et chaque fois que l'instructeur faisait son entrée.

« Ahmed, tu vas répondre aux questions de Si Mohammed », me lança Hammadi. Il semblait avoir retrouvé son calme. Il repartit aussitôt.

L'inconnu s'installa à un bout de la table et me fit signe de m'asseoir. Je m'exécutai aussitôt.

« Tu vas me citer les noms de tous ces chiens de Ennahdha que tu connais et tâche de ne pas en oublier.

— Mais j'ai déjà tout dit à votre collègue !

— Ta gueule, réponds et tais-toi. »

Je me mis alors à citer, pêle-mêle, tous ceux que j'ai connus, quelque part à un quelconque détour de ma vie, durant les vingt dernières années. Certains n'avaient qu'un vague rapport avec le mouvement islamiste. Ils étaient tout simplement des musulmans pratiquants, souvent plus proches du pouvoir, par leur situation sociale et leurs intérêts, que de toute autre sensibilité islamique. Plusieurs d'entre eux appartenaient à l'*establishment*, et avaient soutenu Ben Ali avec la même fougue et le même enthousiasme qui ont caractérisé leur soutien à Bourguiba régnant. Ils pouvaient tout au plus se distinguer du gros du troupeau par certaines activités sociales à motivations religieuses.

Certains d'entre eux manifestaient une certaine prédisposition à accepter la légalisation d'un parti islamique, mais à condition que cela fût initié par le pouvoir et n'affectât pas leurs intérêts vitaux.

Je citai évidemment les leaders du mouvement Ennahdha et donnai maintes précisions sur les circonstances de nos rencontres. Je rappelai ainsi que j'avais connu Ghannouchi à Paris au cours de l'automne 1968.

Notre rencontre se fit, de manière totalement fortuite mais ô combien symbolique, à la grande mosquée de Paris. Nous y avons fait un bout de chemin ensemble et, surtout, rêvé d'une société musulmane modèle en tout pour une humanité en désarroi. C'était il y a vingt-cinq ans, à un âge où l'on prend ses rêves pour la réalité et où l'on croit détenir la vérité absolue.

Depuis lors, ni ses longues périodes de détention, ni mes absences répétées et non moins longues du pays n'avaient entamé notre amitié ou altéré le respect que nous nous portions mutuellement. L'histoire dira de lui un jour, et quel que soit le sort que lui réservera l'avenir, qu'il fut le Tunisien qui aura le plus marqué sa génération.

Je citai évidemment Abdelfattah Mourou, Hammadi Jebali et tous ceux que j'ai connus, parfois l'espace d'un instant, à l'occasion d'une fête, d'une manifestation culturelle ou d'une rencontre fortuite.

Je dévisageais l'homme pendant qu'il consignait mes déclarations. Ma première impression de déjà-vu se précisa. Je me souvins soudain que Si Mohammed, que j'avais déjà croisé à la porte d'entrée le jour de mon arrivée dans ces lieux, avait été le distingué « observateur » qui, deux ans plus tôt, avait suivi assidûment ma campagne électorale. Il était toujours au milieu de la salle, escorté par ses collaborateurs, prenant quelquefois des notes, toujours imperturbable, ne se laissant jamais contaminer par l'ambiance bon enfant qui régnait dans les réunions publiques. Ainsi donc, le grand spécialiste de la répression s'était déplacé en personne pour constater *de visu* que j'étais « irrécupérable ». C'est Kamel Letaief qui me l'avait rappelé, durant ce printemps raté tunisien, alors que j'étais venu plaider pour la dernière fois le dossier de la légalisation de Ennahdha.

« Le ministère de l'Intérieur t'a définitivement classé, m'annonça-t-il ce jour-là.

— Le plus important est de savoir où il m'a classé et je crains qu'à ce niveau il n'ait commis une erreur », lui avais-je répondu. J'avais ajouté que j'étais « inclassable », parce que non partisan ; si ma préférence allait à ce moment-là à Ennahdha, c'était parce que, en sincère démocrate, je ne tolérais pas qu'il fût exclu de la scène politique alors qu'il avait prouvé sa forte présence dans le pays.

Aussitôt l'interrogatoire terminé, Si Mohammed plia ses papiers et se retira. Je fus surpris qu'il n'ait pas trop insisté sur certaines réponses, et qu'il n'ait pas cherché à les décortiquer davantage. Mais ce n'était qu'un premier contact, tout juste une mission exploratoire.

Les militaires

Sitôt Mohammed sorti, son collègue Mustafa prit la relève.

« Alors, ces relations avec les militaires et ces rencontres avec Mansouri, Chebbi, Bozrati ? Il va falloir que tu me dises tout, Ahmed, pour que je puisse t'aider. sinon... Tu as vu la réaction du chef ? » Suivit une description détaillée de ce qui m'attendait dans les sous-sols du ministère.

Mais Mustafa restera « correct » jusqu'au bout, assistant passivement aux séances de torture et n'y prenant part que pour aider à m'attacher et à me détacher.

« Pour commencer, dis-je, il ne s'agit pas du commandant Mansouri, que je ne connais pas du tout. » Ce dernier était mort au ministère de l'Intérieur au début de 1988, officiellement à la suite d'une crise cardiaque. Ce fut en fait la première victime de la torture de l'« ère nouvelle ». « Je connais en revanche le commandant Salah Mansour, qui est un vieil ami. »

Nous nous étions connus en France en 1968 et avions fait un bout de chemin ensemble. Ingénieur de valeur, il avait commencé sa carrière à l'Académie militaire. Il dirigea par la suite les études à l'École d'état-major et termina sa brève carrière dans le génie militaire. A la fin de 1989, à moins de quarante ans, il fut mis à la retraite, tout comme les colonels Chebbi et Bozrati ainsi que de nombreux autres officiers de valeur. Ce fut le début d'une lente et profonde purge de l'armée de ses éléments les plus brillants et les plus intègres. La médiocrité ambiante ne pouvait s'accommoder de leur présence. Jouissant auprès de leurs collègues d'une notoriété méritée d'hommes droits et compétents, leur dossier était aggravé par le fait qu'ils étaient des croyants pratiquants. C'était plus qu'il n'en fallait pour les condamner, à un moment où toute manifestation d'une quelconque ferveur religieuse faisait de son auteur un conjuré en puissance.

L'armée turque, kémaliste jusqu'à la moelle et héritière d'une longue tradition d'un laïcisme militant et sans failles, réserve aujourd'hui un meilleur sort à ses officiers pratiquants.

Dans le cas de ces trois officiers, leur inculpation pour « conjuration », sans aucun fondement, était d'autant plus injuste que leur foi s'apparentait davantage au mysticisme qu'à un quelconque activisme islamiste. Ils furent toujours réfractaires à toute collusion avec ces mouvements. D'ailleurs, leur engagement dans la foi, tout comme leur conduite, étaient bien antérieurs à la naissance de l'islamisme politique en Tunisie. Leur hiérarchie le savait bien. Ainsi Salah Mansour fut durant de longues années l'imam officiel de la mosquée de l'Académie militaire, à Fondouk Jedid. Certains de ses chefs de corps successifs comptaient parmi ses ouailles. Le futur général et ministre du Domaine de l'État Bouaziz, à l'époque colonel et avocat général auprès de la Cour militaire, faisait tous les vendredis le déplacement à Fondouk Jedid pour y faire la prière derrière le jeune capitaine Mansour.

En 1986, alors qu'on battait les tambours de la grande répression du Mouvement de la tendance islamique, le dossier du commandant Mansour se trouva sur le bureau du ministre de l'Intérieur de l'époque, Ben Ali. Abdallah Kallel, qui était alors son chef de cabinet — il héritera du poste ministériel en mars 1991 —, me transmit l'information et m'assura que l'affaire n'aurait pas de suite, tant le personnage était loyal et digne de confiance. Il ne le

144

sera plus, deux ans après sa mise à la retraite, alors qu'il venait de tourner définitivement la page sur son passé. Il sera arrêté le 24 mai 1991, torturé sauvagement et gardé au secret pendant près de quatre mois à l'île de Zembra, à l'entrée du golfe de Tunis. C'est là que Ben Ali, en émule du général félon marocain Oufkir, ira régulièrement l'interroger ainsi que ses camarades d'infortune.

Il y avait une place pour lui, comme pour bien d'autres officiers, dans le dossier de la conjuration diabolique. On lui reprocha d'avoir omis d'alerter ses supérieurs sur le contenu d'une lettre anonyme reçue en 1986, six ans plus tôt. Il écopera de six ans et demi pour un « délit » prescrit par le temps, à l'issue d'un procès digne des tribunaux de Moscou sous Staline : une sentence prononcée en deux minutes, sans le moindre interrogatoire préalable et en l'absence d'avocat de la défense.

Avec Mustafa, je m'en tenais aux faits. Il n'était pas question de disserter sur les qualités d'hommes condamnés d'avance et encore moins sur les convictions de l'ancien chef du cabinet concernant Mansour. Peut-être est-ce ma discrétion sur ce point d'histoire qui me valut, entre autres, le sauf-conduit qu'on me proposa à la fin de la semaine ?

« Écoutez, Si Mustafa, et je vous prie de me croire. Je connais Salah Mansour depuis très longtemps et nous sommes restés très liés. Je vous assure que ni lui ni ses amis n'ont quoi que ce soit à voir avec le mouvement Ennahdha. Pour ce qui est de notre rencontre signalée par le ministre, elle était complètement fortuite. Je revenais du Burundi, où je travaillais pour les Nations unies, avec une délégation de ce pays en visite à Tunis. Le jour de notre départ, j'ai déposé les valises de mes amis au bureau de Mansour, tout près d'ici. C'était juste pour leur éviter de payer une nuit d'hôtel supplémentaire. C'est alors que j'ai rencontré, pour la première et dernière fois, les colonels Chebbi et Bozrati. Notre rencontre ne dura pas plus de dix minutes. Chebbi, attendu ailleurs, ne prit

145

même pas la peine de s'asseoir, et nous avons été prendre un café rapide au comptoir de l'Africa.

— Qu'est-ce que vous vous êtes raconté ?

— C'est très simple ! Salah Mansour m'a appris que ses deux amis cherchaient à s'inscrire pour des études de doctorat en France et m'a demandé si je pouvais les aider à trouver des directeurs d'études parmi mes relations. Étant donné leur expérience passée, j'ai essayé de leur conseiller des sujets propres à valoriser leurs acquis, en leur proposant des thèmes en rapport avec les problèmes régionaux du Maghreb et de la Méditerranée.

— Pourquoi ? Comment ?

— Je me proposais de fonder, à la fin de mon travail avec les Nations unies, un centre de recherche spécialisé dans les questions géostratégiques. Un monde venait de s'écrouler, un autre était en train de naître. En tant que Maghrébins, Arabes et Méditerranéens, il nous fallait comprendre ce qui se passait et surtout ce qui allait se passer, avec l'éclatement de l'Union soviétique, la naissance de l'Europe unie, le début de la construction maghrébine... Beaucoup d'amis m'y ont encouragé et j'étais en train de chercher les hommes compétents et de définir les thèmes de recherche. Nous avions d'ailleurs beaucoup de choses à faire, rien que sur le plan strictement tunisien. La perspective de la légalisation prévue du mouvement Ennahdha ouvrait de nouveaux horizons aux chercheurs en sociologie politique.

— Qu'est-ce que c'est que cette légalisation ?

— Eh bien, quelques jours avant cette rencontre avec ces anciens officiers, j'avais rencontré Hammadi Jebali, un dirigeant d'Ennahdha, à Sousse. Il m'avait informé qu'il avait été reçu par le Premier ministre Hamed Karoui et que celui-ci l'avait assuré que la légalisation du parti Ennahdha n'était plus qu'une formalité. Il m'avait demandé, à cette occasion, si je pouvais étudier de nouveau un vieux projet de fonder un centre d'étude et de recherche économique à l'échelle du Maghreb. »

Je rappelai que l'idée remontait à l'année 1981 et qu'elle avait échoué parce que j'avais exigé que cela se fasse le plus légalement du monde, avec toute latitude pour recruter des compétences nationales et étrangères, indépendamment de leurs appartenances politiques et idéologiques.

J'estimais, et ma conviction n'a pas changé depuis, qu'au plan politique comme au plan de la simple approche intellectuelle, un travail de recherche sérieux sur les problèmes du pays, et davantage encore s'il s'agissait d'un ensemble régional, nécessitait une telle ouverture dans la démarche. Évidemment, dans la perspective, qu'avait fait miroiter le Premier ministre, d'une prochaine légalisation d'Ennahdha, un tel projet devenait réalisable et pourrait fort bien recruter des officiers libérés par l'armée.

Ma dissertation laissa Mustafa de marbre. Ce qui l'intéressait par-dessus tout, c'était de coincer un Premier ministre coupable d'une pensée ou d'un avis personnel et donc de connaître la réponse de mes interlocuteurs.

« Aucun d'eux n'a accepté ma proposition, répondis-je, et depuis, je ne les ai pas revus. »

Ce fut pour Si Mustafa l'occasion de trouver la solution à une énigme qui avait dû le tracasser longtemps. Un prénom, Ahmed, traînait quelque part depuis dix ans dans ses dossiers. Il avait entre les mains celui qui le portait. Sa joie était immense : la Tunisie venait de résoudre ce jour-là l'un de ses problèmes les plus aigus !

« Qui d'autre connais-tu dans l'armée, la police et la garde nationale ?

— Pour ce qui est des deux dernières, ne vous tracassez pas trop. Je n'y connais que le général Sériati, directeur général de la Sûreté. En dehors de lui, pas même un agent pour me faire sauter un PV. » J'étais on ne peut plus sincère. Dans une société aussi policée que l'a toujours été la société tunisienne, des relations dans la police sont tout simplement inimaginables pour les contestataires dans mon genre. On y est toujours perçu comme un ennemi de la société, un paria et peut-être même un suppôt de l'étranger. Les rares relations que j'y compte, parfois des camarades d'école, m'évitaient comme la peste.

Dans l'armée, j'eus au contraire de nombreuses relations. Je citai alors tous les généraux et colonels qu'il m'a été donné de connaître. La plupart d'entre eux étaient depuis longtemps à la retraite ou quelque part dans une ambassade.

Le régime de Ben Ali, quoique ne devant rien à l'armée, a fait la part belle à ses officiers supérieurs. Comme il fallait s'y attendre, les moins dociles d'entre eux ont été écartés. On ne sait jamais : la facilité avec laquelle Bourguiba a été renversé pourrait leur donner des idées. Une mise à la retraite et de larges facilités pour se reconvertir dans les affaires arrangent tout le monde.

Les autres, c'est-à-dire la majorité des « copains » des deux premières promotions, héritèrent de la diplomatie. Ce sont pour la plupart ceux auxquels Bourguiba, condescendant et ironique, avait pris l'habitude, en les recevant au cours des cérémonies officielles, de tapoter les joues, en leur rappelant qu'il en avait fait des généraux, bien qu'ils n'eussent pas le baccalauréat...

Quelle terrible mission pour des gens qui, sortant à peine de leur ghetto, se faisaient envoyer à la tête d'ambassades, avec pour tout bagage leur capacité à confectionner les cocktails les plus sophistiqués.

Première visite

Au bout de huit jours, j'eus droit à ma première visite. J'avais vu défiler beaucoup de monde durant les jours précédents, mais cette visite de l'extérieur m'apportait un brin d'espoir. Je comptais sur elle pour faire transmettre à ma famille un message. Celui d'un homme battu, humilié, mais toujours debout et en vie. « Les vivants reviennent toujours », dit un proverbe du terroir.

Mon visiteur malgré lui, maître Abderraouf Bouker, n'était pas là pour son plaisir. Je crois même qu'il devait maudire, ce jour-là, les circonstances qui l'avaient mis sur mon chemin quelques années auparavant. Manifestement, il n'éprouvait aucun désir de me rencontrer.

Je le remarquai assez vite quand, introduit dans le bureau où il m'avait précédé, je le vis déployer des trésors d'ingéniosité pour éviter mon regard. Il ne répondit même pas à mon salut, feignant d'ignorer mon entrée. Il faisait face à l'instructeur, recroquevillé sur une chaise, le visage livide, le corps crispé, bafouillant des bribes de phrases en guise de réponse aux questions de Mustafa. Aucune trace de la superbe du ténor du barreau qu'il avait été.

Je persistais à le harceler de mon regard. Rien ne le fit sortir de son indifférence. J'étais pour lui le parfait inconnu, incapable de susciter ne fût-ce que sa curiosité naturelle. Mon état piteux, mon dos courbé, ma démarche incertaine et titubante auraient pu pourtant l'alerter sur l'enfer où je me trouvais. Il devait sûrement m'en vouloir d'avoir cité son nom, oubliant sans doute que, tout comme moi, il était surveillé et que son téléphone était sur écoute. Mais la dictature a une telle capacité à dresser ses victimes les unes contre les autres qu'elles finissent par oublier leur oppresseur commun. C'est alors le sauve-qui-peut : l'instinct de conservation l'emporte, ouvrant la voie au règne de la lâcheté.

Vieux routier de la politique tunisienne, connaissant parfaitement ce qui se tramait dans les couloirs des pouvoirs, officiel et occulte, Bouker savait bien que la « solution » envisagée par Ben Ali pour les islamistes finirait par l'atteindre, lui aussi. En bon père de famille, il voulait sûrement assurer sa sécurité et celle des siens.

D'ailleurs, il venait d'avoir, quelques mois plus tôt, un avant-goût du traitement que réserve Ben Ali à ceux qui pensent autrement. Sollicité, en sa qualité d'avocat, pour défendre Mohammed Chamli, le dirigeant du mouvement Ennahdha dans la région de Sousse, il accepta enfin, au bout de longs jours d'hésitation. Le jour même, il fut invité par Abderrahim Zouari, secrétaire général du RCD, à venir s'expliquer au siège du parti. C'est un conseil de discipline qui le reçut et le blâma pour avoir voulu défendre un « paria ». Quelques jours plus tard, il fut gratifié d'un redressement fiscal couvrant les cinq derniers exercices. Un procédé on ne peut plus légal, mais qu'on réserve spécialement aux rebelles, en guise de premier avertissement.

Ce traitement, touchant un grand avocat, membre du comité central du parti au pouvoir, député et de surcroît beau-frère d'un ancien Premier ministre, eut un effet dissuasif sur l'ensemble des membres du barreau. A quelques rares exceptions près, les avocats n'accepteront plus, au cours des vagues successives des procès intentés aux islamistes, d'assister les détenus que lorsqu'ils seront commis d'office. Dans les deux grands procès devant les tribunaux militaires siégeant à la caserne de Bab Saadoun, à Tunis, au mois de juillet 1992, au cours desquels plus de deux cents détenus risquaient la peine de mort, la plupart des avocats étaient commis d'office. C'étaient en plus des stagiaires. Certains d'entre eux ne prirent connaissance des dossiers de leurs clients que quelques heures avant l'audience, et aucun d'entre eux n'eut un seul contact avec son client imposé.

On ne peut en vouloir à un homme que pour ce qu'il peut faire mais refuse de faire. Or, quelques jours avant mon arrestation, Bouker m'avait fait connaître modestement les limites de ce qu'il pouvait endurer.

« Je ne pourrais pas survivre à plus de six mois de prison, me déclara-t-il, alors que je le poussais à dénoncer le dérapage policier du pouvoir.

— Mais ils n'oseront pas te faire un procès et encore moins te condamner !, l'assurai-je. Ce serait porter la crise à l'intérieur du régime et accélérer sa déconfiture. Et puis, enfin, tu es député et membre du comité central d'un parti au pouvoir. Le dernier des idiots hésiterait à engager le régime sur cette pente. Ce serait contre toute logique !

— Mais où est la logique ? » me demanda-t-il.

Au fond, il avait bien raison. Sa présence là, sur simple convocation de la police par téléphone, alors qu'il aurait fallu suspendre son immunité parlementaire pour l'interroger, en dit long sur la logique du système.

Ma propre logique était autre. J'essayais, à travers lui et ses amis, députés et hauts responsables de l'appareil du parti et de l'État, de susciter plus qu'une contestation et une résistance aux méthodes sécuritaires utilisées dans la solution d'un problème strictement politique. J'espérais, en l'absence d'une opposition démocratique crédible, et en prévision d'une décomposition, déjà fort avancée, du parti au pouvoir et de la montée hégémonique du mouvement Ennahdha, aider à conserver une certaine crédibilité à un noyau destourien, capable de faire demain fonction d'opposition. La démocratie était à mon sens à ce prix, et l'intérêt bien compris du pays exigeait la présence d'une opposition puissante et crédible, capable le moment venu de prendre la relève. Il fallait à tout prix éviter au pays de retomber dans le cercle vicieux du parti unique, en attendant une restructuration, nécessairement lente, du paysage politique.

Une telle vision, pour des gens habitués à vivre, au quotidien, au gré de l'humeur lunatique du prince et de leurs intérêts immédiats, relevait tout simplement de l'utopie. Elle exigeait aussi que soient réunies les conditions objectives de sa réalisation, mais surtout des hommes politiques responsables, dignes et courageux. Denrée devenue rarissime dans un pays qui en avait pourtant connu plus d'un, avec un chef d'État du charisme de Bourguiba. Mohammed Masmoudi, Ahmed Tlili, Ahmed ben Salah, Habib Achour ne furent guère des exceptions.

Médecin maison

Le moment n'était pas propice à la méditation sur les occasions perdues, ni sur l'avenir. Il me fallait profiter de la présence de l'avocat député pour demander à voir un médecin. Je le fis et j'eus toutes les peines du monde, malgré mon désir de garder ma dignité, à retenir mes sanglots. J'étais complètement vidé par les séances de torture, terrassé par des crises de toux, affaibli par une diarrhée et de longues nuits d'insomnie.

« Mais tout de suite », me répondit Hammadi. Il téléphona et aussitôt le médecin fut là. Il était de la maison, mais semblait jouir d'une confiance limitée de la part de ses employeurs. Deux gardes veillaient au grain. J'avais espéré un instant lui demander de téléphoner chez moi. Mais aurait-il accepté de le faire ?

« De quoi souffrez-vous ? » me demanda-t-il en prenant ma tension.

Devais-je lui dire que j'avais la plante des pieds en compote, que mes poignets étaient désarticulés, que la douleur me tenaillait le dos, que mes intestins se vidaient à flots, que je ne fermais pas les yeux de la nuit et que, par-dessus tout, j'avais une peur bleue de la prochaine séance de torture ? Mais que lui aurais-je appris qu'il ne savait déjà ?

Pour un médecin affecté à une entreprise de destruction humaine, mes petits soucis de santé devaient être une goutte dans un océan. Peut-on d'ailleurs, dans un tel cas, parler encore de « médecin » ?

Les journalistes tunisiens ont eu le courage d'exclure de leurs rangs un intrus à leur profession, qui, payé directement par le ministère de l'Intérieur, s'était spécialisé dans la diffamation, la calomnie et l'offense aux opposants. N'est-il pas aussi urgent pour l'ordre des médecins tunisiens, mais aussi pour tous les médecins du monde, de faire de même avec ceux des leurs qui se montrent complices des tortionnaires ?

« Je tousse, j'ai la diarrhée et des accès de fièvre le soir, docteur.

— Très bien ! On va arranger ça. » En moins de cinq minutes, le tour était joué, le diagnostic fait et l'ordonnance établie.

Un de mes gardiens m'apporta plus tard les médicaments pour la journée. Par mesure de précaution, et pour éviter de laisser filer la poule aux œufs d'or, mes geôliers se transformèrent jusqu'à la fin de ma détention en infirmiers dévoués.

Invitation à la délation

On annonça l'arrivée du directeur général des Services spéciaux dans un grand remue-ménage. Aussitôt, on me fit ramener dans ma chambre. Hammadi m'y rejoignit au bout de quelques instants. « C'est maintenant à ton tour d'enfoncer ce salaud, me dit-il en parlant de Bouker. Il a eu le culot de t'ignorer et de nier toute relation avec toi, ne reconnaissant que ce que nous savons déjà de vos derniers contacts. Allez viens, Ahmed, tu dois sauver ta tête devant le directeur général, ton heure est arrivée ! »

Quelle gloire ! Cette invitation à la délation me piqua au vif. J'eus un sursaut de fierté et décidai de ne dire que le strict minimum, vaille que vaille.

J'avais bien compris dès le début qu'on en voulait à Bouker et, à travers lui, à Baccouche. Malgré tout mon désir de limiter les dégâts et de sauver ma tête, je n'étais pas prêt à le faire à n'importe quel prix.

D'un signe de tête, le directeur des Services spéciaux m'intima l'ordre de m'asseoir. Une grimace accompagna son geste. Je compris qu'il essayait de sourire et de détendre l'atmosphère. La confrontation commença aussitôt. Bouker tentait vainement de convaincre son interlocuteur que la politique de « notre parti » n'avait jamais été claire vis-à-vis des *khouanjia*, les « frérots ». Il utilisa à dessein ce qualificatif à forte connotation péjorative à l'encontre des islamistes pour marquer clairement ses distances. Pour lui, je n'étais qu'un *khouanji* éclairé.

Mais la police n'a cure des analyses politiques. C'est aux « faits » qu'elle s'intéresse.

« Tes rapports avec Ahmed Manaï ?, lui demanda le directeur, méprisant.

— Je le connais à peine. Il est venu quelquefois me demander conseil pour fonder une société, et c'était à

153

chaque fois l'occasion de discuter un peu des problèmes politiques. »

De nos réunions, de nos longues discussions sur le présent et l'avenir, de notre accord pour tenter, chacun de son côté et selon ses modestes moyens, de sauver le pays et de lui éviter de descendre davantage dans l'abîme, Bouker n'avait plus aucun souvenir. Mais qu'importait tout cela pour le moment. L'homme cherchait à sauver les meubles et s'ingéniait, à défaut de demeurer digne, d'être le moins indigne possible.

Aussitôt la confrontation terminée, je fus ramené dans ma chambre. J'en fus extrait quelques minutes plus tard pour d'ultimes questions.

Maître Bouker signa le procès-verbal, non sans avoir émis des réserves sur la formulation de certains faits. Il repartit aussitôt, accompagné des congratulations d'usage à l'égard d'un représentant du peuple. Mais dès qu'il eut le dos tourné, Hammadi lui envoya ses tendres pensées, puisées dans le lexique imagé de la grande délinquance.

La loi du silence

Jusqu'au bout, et bien qu'il n'ait pas eu un seul regard pour moi, j'avais espéré qu'une fois rentré à Sousse, Bouker enverrait un petit message à ma famille pour calmer son angoisse. Il suffisait qu'il l'informât que j'étais encore en vie, et il avait mille façons de le faire sans se compromettre. Il n'en fit rien.

Plus tard, je me rendis compte que les témoins et les victimes de la répression et de la torture, à quelques rares exceptions près, se plient à la loi du silence. Peu d'entre eux, même après avoir trouvé asile à l'étranger, acceptent de témoigner publiquement, concourant ainsi à couvrir le drame que connaît la Tunisie.

Je m'étais attendu, après la confrontation avec Bouker, à voir défiler tous ceux que j'avais cités selon le même manège. Ministres, députés ou simples citoyens sont assurés d'un traitement égal dans ces locaux. A la

manière dont le directeur des RG mimait Hédi Baccouche, j'étais sûr que ce dernier ne manquerait pas à
l'appel et qu'il ne ferait l'objet d'aucun régime de faveur.

« Ne t'en fais pas trop, me dit l'un des gardes, si Ben
Ali avait la malchance de trébucher et de venir jusqu'ici,
il subirait le même sort. C'est la règle ici, et il la connaît
très bien. »

Un sursaut de sagesse ou de calcul du « patron » évita
à ces illustres personnages le triste sort qui, en toute
logique, les attendait. Mais ils paieront autrement, chacun
selon le style qui convient le mieux à son tempérament,
leur audace d'avoir osé penser autrement.

Omar Shabou

De ce fait, je fus condamné à passer les jours suivants
dans la solitude. Mais il y avait Omar Shabou. Il était
là depuis quatre jours, et je m'étais étonné que l'on n'eût
pas encore procédé à notre confrontation. Je tentai plusieurs fois d'avoir des informations sur son état de santé
et surtout sur son moral. Peine perdue, le personnage était
« inconnu au bataillon ». Mais je le sentais tout près de
moi, à quelques mètres. A plusieurs reprises, l'agent qui
m'apportait mon casse-croûte passa avec un autre dans
la main. Il lui était sûrement destiné, me disais-je. Donc
il était toujours en vie. Il mange, donc il est, c'est ainsi
et non pas par la pensée, que l'on peut estimer, dans ces
lieux, qu'un homme vit ou non. L'attente devait lui être
insupportable.

Dans la soirée, on est venu me chercher.

« Est-ce que tu reconnais Shabou sur une de ces
photos ? » me demanda Hammadi.

Huit photos d'identité agrandies étaient posées sur la
table. Je n'eus aucun mal à le reconnaître, bien que je
ne l'eusse rencontré qu'une seule fois. L'intellectuel des
champs rencontre rarement celui des villes, et notre seule
rencontre fut celle-là même qui nous a conduits dans ces
lieux. Mais j'étais un fidèle lecteur de son magazine, *Le*

Maghreb, et sa photo chapeautait toujours son éditorial. Je reconnus sur les photos d'autres personnalités tunisiennes, dont l'ancien ministre de l'Intérieur, le docteur Hannablia, reconverti sur commande depuis quelques années dans la défense des droits de l'homme. Il y avait une grande ressemblance entre tous ces hommes et, sur ce plan, Hammadi n'avait laissé aucune place au doute ni à la confusion.

La confrontation tant attendue eut lieu le lendemain, en début de soirée. On me fit raconter pour la énième fois les péripéties de ce dîner parisien chez Bennour. J'eus beau clamer que nous y avions parlé davantage du conflit du Golfe que d'autre chose, que les préparatifs de la guerre contre l'Irak, très avancés en cet automne 1990, ne laissaient aucune place à l'actualité tunisienne, personne ne m'écouta. Allez convaincre le directeur des Renseignements généraux, instruisant une affaire de complot contre l'État, que les problèmes de la Tunisie étaient à peine effleurés au cours de ce dîner, et vous verrez sa réaction. Il y eut quand même cette analyse de Shabou, et son diagnostic largement partagé, que le pays déclinait à vue d'œil sur tous les plans et que Ben Ali en était le responsable. Remarque banale s'il en fut. Le dernier des citoyens tunisiens aurait fait le même diagnostic et suggéré qu'il s'en aille. Nul besoin d'être un expert politique pour cela. Mon coiffeur m'avait d'ailleurs fait la même analyse, fondée sur ses propres observations et constatations, quelques jours avant mon arrestation, et sa pertinence m'avait même fait suspecter une provocation.

Il fallait l'éliminer, l'abattre ! Je ne me souvenais guère du terme utilisé. Des mois plus tard, aucun des témoins présents ne se souvenait avec précision de ce détail.

« Mais pourquoi as-tu fait ça ? » m'apostropha Shabou par deux fois.

J'essayai de m'expliquer, mais il a bien dû comprendre comment on arrachait l'information dans ces lieux et avec quelle spontanéité on passait aux aveux. Je fus évacué du bureau du directeur sans ménagement. A peine la porte s'était-elle refermée que j'entendis mon compagnon d'infortune crier, d'abord de surprise, puis de protestation et enfin de douleur. Longtemps après, et bien qu'il eût été transféré dans une pièce à l'opposé de la mienne, donnant sur un autre couloir, ses cris me parvenaient encore. L'éminent journaliste et digne représentant de la société civile encaissait son lot d'humiliations. La police instruit, juge et exécute ses sentences. Séance tenante.

Les jours suivants, je pus avoir de ses nouvelles par certains gardiens de nuit. Il n'avait pas le moral, m'a-t-on dit. Jusqu'à la fin de notre cohabitation forcée, aucun cri ne me parvenait de son côté. J'en étais profondément soulagé, tant je m'étais fait à l'idée que j'étais responsable de ses malheurs. Je ne sais en revanche pas comment il a vécu mon dernier quart d'heure d'enfer. Mes cris ne l'auront sûrement pas laissé indifférent.

Les « amis de confiance »

Pendant les longues veillées des nuits suivantes, j'essayai de comprendre par qui tout cela était arrivé. J'y avais sûrement une part de responsabilité. Je sentais quelque chose dans l'air avant mon retour en Tunisie, et j'avais reçu plus d'un signal prémonitoire. Mais je n'avais pu résister à un sursaut de fierté ou d'orgueil quand ma femme, me voyant hésiter à rentrer, me fit comprendre que je n'étais pas meilleur que les autres. Bien sûr que je ne l'étais pas, mais je ne serais jamais rentré si j'avais appris à temps que Shabou était interdit de sortie du pays et que son passeport lui avait été retiré.

Hammadi me confia un jour que c'était Mzali qui les avait mis sur la piste. Au téléphone, il suggérait à ses amis qu'il n'y avait pas d'autre solution pour la Tunisie que celle conçue par Shabou. Mais une autre fois, il m'apprit que c'était un de nos amis qui leur avait tout révélé. A ma connaissance, aucun, en dehors du groupe des cinq, n'était au courant de ce dîner et du programme d'action qui en était sorti. Plus tard à Paris, j'appris que

157

Shabou, empêché de quitter le pays, délégua un collègue
« digne de confiance » auprès du groupe parisien pour
étudier la possibilité de transférer à Paris le siège de son
hebdomadaire. Il lui avait tout dit, dans les détails, et un
rapport circonstancié fut remis à la police par l'ami
« digne de confiance ».

8

Le dernier quart d'heure

Le samedi 3 mai, j'en étais à mon onzième jour de garde à vue. La loi en prévoit quatre, et une possibilité de la prolonger jusqu'à dix jours par décision écrite du procureur, et ce en cas d'« absolue nécessité », stipule l'article 13 *bis* du code pénal. La veille, je m'étais mis dans la tête qu'il fallait que je le rappelle au directeur des Renseignements généraux. Je m'en étais abstenu au dernier moment, ayant remarqué qu'il n'était pas dans son assiette. Pour quelqu'un qui mettait son devoir de défense de l'État menacé au-dessus de la loi, cette violation était une bagatelle. Je l'aurais sûrement provoqué en le lui rappelant. Et puis, comment prouver que j'étais bien détenu depuis onze jours ?

Tout au long de cette répression, la police a toujours agi en dehors de tout contrôle judiciaire. Quand les protestations des organisations de défense des droits de l'homme fusèrent, entre autres sur ce point précis du délai de garde à vue, la police prit soin de maquiller les registres. Ainsi la date de la mise en garde à vue est-elle enregistrée la veille ou, au plus, quelques jours avant la libération ou l'inculpation du détenu. L'honneur est sauf et les formes respectées. Il arrive cependant que la machine se grippe ou bégaie. Le grain de sable est toujours à prévoir dans un pays souvent balayé par les vents du sud.

Le cas d'Abdellatif el-Mekki, ancien secrétaire général de l'Union générale tunisienne des étudiants (UGTE, pro-islamiste), illustre le propos. El-Mekki a déclaré avoir été arrêté le 14 mai 1991. Le 18 mai, sa famille envoie une lettre recommandée aux autorités pour s'enquérir de son sort. Le 22 mai, dans une conférence de presse convoquée pour dénoncer le présumé complot du mouvement Ennahdha, le ministre de l'Intérieur Kallel annonce l'arrestation d'El-Mekki — l'importance d'un tel gibier ne pouvait être passée sous silence. Mais le procès-verbal de la police mentionnera comme date d'arrestation... le 11 juillet 1991 !

Les trois dernières questions

En fin de matinée, j'entendis dans les couloirs une agitation qui ne laissait présager rien de bon. J'eus un mauvais pressentiment. La porte ne tarda pas à s'ouvrir. Hammadi et Mohammed entrèrent dans la pièce. Sans préambules inutiles, ils me firent signe de me lever. Hammadi repartit aussitôt. Je fus surpris qu'il ne congédie pas par la même occasion mes gardiens. Les interrogatoires se faisaient toujours en tête à tête, dans la plus stricte intimité. Je me mis à m'habiller, persuadé que j'allais être relâché, ou au pire inculpé et transféré en prison.

« Non, déshabille-toi plutôt », m'ordonna le galant homme.

Je m'exécutai sans comprendre. Mohammed se retira avec les deux gardiens. Je marquai une pause dans mon déshabillage, gardant le caleçon. Un nouvel agent fit son entrée dans la pièce. Il me fit comprendre à demi-mot, mais avec une parfaite clarté, que j'allais passer un mauvais quart d'heure : « C'est bientôt la délivrance, les derniers jets de la traite. Je te crois homme de foi, alors

160

implore Dieu pour qu'Il te soutienne et te vienne en aide. »

Le matériel était déjà prêt. Cordes, barres de fer de diverses dimensions et manches à balai furent rassemblés et déposés dans un coin de la pièce. Deux agents apportèrent la seconde table nécessaire à l'opération. Le patient était prêt. Deux couples de policiers m'attachèrent les pieds et les mains. Il ne restait qu'à m'accrocher à la barre de fer, soigneusement disposée en travers des tables. Un colosse au crâne à moitié dégarni me souleva comme une plume. Un autre me glissa la barre de fer sous les genoux, dans l'espace réduit laissé par les avant-bras. Le scénario m'était familier. Ce qui ne l'était pas, c'est qu'on commença à me battre sans me poser la moindre question.

Mohammed s'en donna à cœur joie. Il y trouvait manifestement un plaisir sans bornes. Non, ce n'était pas pour lui une corvée, la simple exécution d'une tâche sur un ordre venu d'ailleurs, comme j'avais souvent remarqué que c'était le cas pour Hammadi. La joie de Mohammed semblait croître avec ma douleur.

Il se tenait debout, un peu sur ma droite, maniant le bâton avec plus de dextérité que le stylo. Il frappait sans prononcer un seul mot, sans poser la moindre question. Mais il frappait, insensible à mes cris, à mes lamentations et à mes gémissements. Je voyais parfois un léger sourire lui traverser le visage. Derrière moi se tenait un agent qui me balançait de temps à autre, pour me servir à son collègue, comme sur un plat. Aucun effort inutile, aucune fausse manœuvre, aucun coup pour rien.

Au bout d'un moment, mon tortionnaire remarqua que la plante de mes pieds gonflait démesurément. Alors, pour éviter d'avoir à interrompre son opération pour laisser reposer l'objet de ses coups, ce qui était un procédé familier dans la maison, il se mit à me frapper sur le dessus des orteils. Jamais souffrance ne me fut plus insupportable. Quelques instants plus tard, il introduisit une innovation : un coup par-dessus, sur les orteils, un autre par-dessous, sur la plante. Voilà donc comment il

161

comprenait cette alternance tant revendiquée par l'opposition depuis de nombreuses années !

Et toujours aucune question, mais de simples injonctions à « dire tout, sans rien oublier, sans rien omettre, sans rien cacher, sinon c'était la mort en bout de chemin ». Ma langue collait au palais. Je compris alors pleinement le sens de l'expression « avoir la gorge sèche ». J'avais pourtant souvent été dans des déserts et connu la soif, ou même, en disposant d'eau, refusé de me désaltérer pour cause de carême.

Mon tortionnaire remarqua mon état. Il m'abreuva de quelques gorgées d'eau, d'un verre qu'il avait disposé à proximité. Il avait tout prévu. Puis, se souvenant sans doute de mon diabète, il mit dans le verre d'eau quelques morceaux de sucre.

« Attention, c'est bientôt la fin, me prévint-il. Tu sais, ce sera tout juste un accident de travail. » Je le crus sur parole.

« Mais que voulez-vous que je vous dise de plus ? Croyez-moi, Si Mohammed, j'ai tout dit !

— Qui t'a dit mon nom, salaud ? éructa-t-il, adressant un regard interrogateur à Mustafa, qui suivait la scène avec détachement.

— Mais c'est votre collègue, Si Hammadi, il y a un instant, répondis-je en guise d'excuse.

— Écoute ! Je viens directement de chez monsieur le ministre. Par égard pour ton âge, il te fait dire que si tu réponds à ces trois questions, tu partiras chez toi aujourd'hui même, tu y resteras deux ou trois jours et tu quitteras le pays pour deux ou trois ans. Tous les *khouanjia* sont sous les verrous et même Rached Ghannouchi est entre nos mains. C'est ta chance !

— Je vous dis tout, arrêtez s'il vous plaît », suppliai-je, avant de perdre connaissance.

Un verre d'eau froide sur le visage me fit reprendre mes esprits. J'avais toujours les mains et les pieds attachés, mais je reposais par terre, adossé à une chaise. Mohammed attendait mon réveil, adossé au mur, se tapotant doucement la main avec le bâton. Il me rappela sur le coup mon instituteur, Slah Moatemri, quarante ans plus tôt, se chauffant les mains avant de corriger un élève insensible à la beauté de la langue de Descartes ou aux nuances des mathématiques.

Lui aussi battait ses élèves non sans plaisir, avec l'accord et souvent les encouragements des parents. « Ne me rendez compte que de sa tête », recommandait souvent le père d'un élève, heureux de se décharger sur l'illustre maître de l'éducation de sa progéniture. Les maîtres d'écoles coraniques, les *meddeb*, avaient eux aussi leurs méthodes et techniques, et disposaient du matériel le plus adéquat pour leur mission d'éducation. Le seul d'entre eux que j'eus pour maître, pendant quelques mois, à l'âge de la maternelle, était handicapé des pieds. Il ne pouvait se déplacer parmi ses élèves. Ceux-ci s'asseyaient sur des nattes, par classe d'âge, en plusieurs demi-cercles autour de lui, les plus petits étant les plus proches. Pour corriger l'un de ses élèves, il avait toujours le bâton qu'il fallait pour l'atteindre, au moment où celui-ci s'y attendait le moins. C'est chez lui que je connus pour la première fois la *falaqa*, sans jamais la subir, heureusement. Par fidélité au patrimoine national et méditerranéen, elle est encore utilisée aujourd'hui dans les postes de police.

C'est sûrement dans le tréfonds de cet héritage, ainsi que dans les nouveaux acquis pédagogiques, qu'il faudrait chercher une explication à cette violence gratuite et au comportement de Hammadi, Mohammed et compagnie.

Remarquant que je revenais enfin à la vie et que j'ouvrais les yeux, Mohammed m'adressa son dernier avertissement : « Si tu ne réponds pas aux trois questions suivantes, tu vas directement à ta perte, et si tu es de nouveau accroché, tu ne seras décroché que mort. Tu vas me dire pour quelle mission tu es revenu ici, tous les noms des militaires et des officiers de sécurité que tu connais au ministère de l'Intérieur, et les sources de financement du mouvement Ennahdha.

— Pour le premier point, je vous assure, Si

163

Mohammed, que je n'ai été chargé d'aucune mission par qui que ce soit. Je suis tout simplement revenu chez moi, dans ma famille, après une longue absence. D'ailleurs, vous pouvez le demander à Rached Ghannouchi. Il vous dira que je n'ai avec lui que des rapports d'amitié et puis le soutien de son mouvement à ma liste aux élections législatives de 1989. Pour ce qui est des militaires, je l'ai déjà dit à votre collègue. Ce sont des relations qui datent du temps où je travaillais pour la défense et qui se sont terminées en 1981, date de mon départ. Ce sont des officiers supérieurs dont la plupart sont maintenant à la retraite ou au pouvoir. »

Et je lui citai les généraux ambassadeurs ou ministres, les colonels consuls ou gouverneurs, et d'autres dont je ne connaissais pas la fonction actuelle.

Au ministère de l'Intérieur, je ne connaissais personne en dehors du ministre lui-même et du directeur général de la Sûreté. Je crois l'avoir convaincu de ma bonne foi sur ce point. Ses informations recoupaient sans doute mes déclarations.

Le nerf de la guerre

Restait le problème des sources de financement du mouvement Ennahdha. Je n'en avais aucune idée. Comment en aurais-je eu d'ailleurs, quand ce volet se trouve être le moins transparent dans la vie de tous les partis ? Dans les partis démocratiques occidentaux eux-mêmes, un voile opaque couvre leur gestion financière, et quand, à l'occasion d'une indiscrétion, on en lève un petit coin, c'est toujours un grand scandale.

Dans un mouvement en grande partie clandestin depuis sa naissance, traqué en permanence par une police omni-présente, il serait naïf de s'attendre à une quelconque transparence en matière de financement et de gestion. Il est sûr que dans le cas d'espèce, une partie du budget de fonctionnement est prise en charge par les militants et les sympathisants. Mais il doit y avoir tout de même place pour un financement occulte, provenant de sources connues des seuls responsables.

Au parti destourien lui-même, qui gère la Tunisie depuis près de quarante ans, très peu de gens connaissent ce dossier. D'où vient l'argent nécessaire à financer sa machine colossale, à rémunérer son armée pléthorique de permanents, à éponger les dettes de ses nombreux journaux et publications invendables, à financer l'action de ses nombreuses ramifications à l'étranger ? Rien qu'en France, ce parti dispose d'autant d'antennes avec locaux, agents permanents et frais en tout genre qu'il y a de départements. Ce ne sont sûrement pas les cotisations de ses adhérents, fussent-ils un million et demi comme se plaisent à le déclarer ses dirigeants, qui financent tout cela.

Mais il y a l'État. Et le parti-État n'a aucun mal à puiser dans ses ressources les finances nécessaires à son fonctionnement. Il y a aussi les contributions versées depuis longtemps, et tout au long de la guerre froide, par des partis et des organismes de sécurité occidentaux à un Destour considéré comme le meilleur rempart contre le communisme dans la région. Il aurait ainsi servi pendant longtemps d'intermédiaire entre des mouvements africains, comme l'UNITA angolaise, dirigée par Jonas Savimbi, et leurs sponsors européens et américains.

Mais une source intarissable d'argent pour le Destour fut de tout temps le racket des citoyens. Tant que sa direction avait gardé le contact avec le pays profond, cela s'apparentait à des dons et contributions volontaires, même si c'était avec beaucoup de grincements de dents, et toujours avec l'espoir d'un avantage supérieur. Depuis que le parti s'est trouvé réduit à son état-major, le racket a pris la forme qu'on connaît aux illustres organisations du crime, et notamment celles de la Sicile toute proche. Ce sont les commerçants, hommes d'affaires, avocats ou médecins, fichés comme sympathisants des islamistes ou d'autres mouvements d'opposition, qui en font les frais. Les démarcheurs du Destour opèrent sur ce terrain en pays conquis. Si leur première visite à la victime ne donne rien, parce que les missionnaires ont trop mauvaise réputation, qu'ils ont été trop ou pas assez loin dans l'intimidation, qu'ils ont manqué d'adapter leur pédagogie à la situation, ils se font alors relayer par les agents du fisc. Les perspectives d'un redressement-faillite conduisent toujours aux compromis les plus inattendus.

Récemment encore, à l'occasion des grandioses festivités ayant marqué en novembre 1993 le sixième anniversaire du coup d'État de Ben Ali, un homme d'affaires tunisien eut la malchance de se trouver bloqué sur la route que devrait emprunter « l'artisan du 7 novembre ». Son attente dura des heures. Inquiète et impatiente de le voir arriver pour honorer ses invités qui l'attendaient depuis longtemps, sa femme lui téléphona dans sa voiture. Il lui expliqua que « la circulation était bloquée pour le passage de cette merde ». La police intercepta la communication et l'arrêta le soir même. Il fut relâché au bout de quatre jours de torture, non sans avoir remis à ses hôtes les 8 000 dinars que contenait sa serviette. Quatre mois plus tôt, en juillet, il avait déjà payé 10 000 dinars de « contribution » au congrès du parti destourien.

Les islamistes déclarés et fichés sont, quant à eux, tout simplement laminés. L'opération « éradication » a prévu qu'il ne fallait rien leur laisser. L'argent ou les bijoux disponibles à la maison, et qu'on n'a pas eu le temps de cacher, sont en principe raflés lors de la descente de police. La perquisition se faisant toujours très tard dans la nuit ou très tôt à l'aube, les gens ne se rendent compte de la disparition de leurs biens que plus tard. On a d'autres préoccupations quand le père, le frère ou un quelconque membre de la famille a été arrêté et conduit vers une destination inconnue. Plus question de déposer plainte, et d'ailleurs, auprès de qui ? Le procureur de la République, pour se couvrir ou tout simplement exécuter les consignes du gouverneur ou du commissaire, inculperait le plaignant d'« atteinte au moral de la police » et de « diffamation envers un corps constitué »...

Quant aux autres, commerces, épiceries, cafés, ateliers

de confection, ils sont tout simplement fermés. A ce niveau et à bien d'autres, la Tunisie de Ben Ali, c'est le Shaba de Mobutu, mais avec des gants et en costume-cravate.

« Alors, les sources de financement d'Ennahdha ? » Mohammed était excédé.

« Je sais qu'ils ont une librairie à Paris.

— C'est *Okba*, on connaît ça ! Autre chose !

— Ils ont aussi une société d'import-export, dont je ne connais que l'adresse. »

Mes réponses ne semblaient point le convaincre. Il me fallait être imaginatif et inventer des noms, des activités, des adresses, mais sans exagération, pour ne pas risquer une inculpation d'appartenance au mouvement interdit. Alors je laissai mon imagination courir les quartiers arabes de Paris et déclarai comme biens d'Ennahdha les nombreuses librairies arabes et islamiques de Belleville, Couronne, Ménilmontant et ailleurs, ainsi que les quelques imprimeries dont j'avais remarqué l'existence, mais surtout les nombreux bars où il m'était arrivé de prendre mon café. Leurs propriétaires, tous des Français kabyles, implantés depuis des générations en France et souvent sans attaches avec leur propre pays d'origine, ne couraient aucun risque. Ennahdha, pour eux, c'est aussi lointain que la cordillère des Andes !

« Non, je veux les hôtels, m'interrompit Mohammed.

— Vraiment je n'en connais aucun. Je sais tout simplement qu'un riche Tunisien de retour d'Irak projette de s'associer avec Ennahdha dans une affaire de ce genre.

— Son nom ?

— Je ne le connais pas. »

En fait, la police n'aura aucun mal à le reconnaître, à perquisitionner chez lui à Tunis et à interdire à sa famille de quitter le pays. Je ne sais pas en revanche si elle a réalisé que, riche en dinars en Irak, le faux partenaire d'Ennahdha était alors tout simplement SDF à Paris. Sa fortune était constituée de bons du trésor d'une banque en faillite dans un pays en banqueroute.

Mon tortionnaire était plus que satisfait. Il avait de

quoi pavoiser devant son ministre. Le dernier jet avait donné plus de lait que la traite entière. Il m'ordonna de noter tout cela noir sur blanc, pour pouvoir comparer par la suite sa mouture à la mienne. Je ne devais plus jamais le revoir.

Mustafa, témoin de ce déluge d'informations tout aussi inédites qu'imaginaires, me gronda pour ne pas lui en avoir réservé la primeur. Mais il eut au moins sa copie de l'inventaire fictif.

Ultime recours

Je passai le reste de la journée à soigner mes blessures, à me masser les poignets, les genoux et surtout la plante des pieds. Je n'osais pas toucher aux orteils, tant le moindre attouchement m'était insupportable. Mon gardien me facilita plutôt les choses. Il m'aida à me déplacer jusqu'aux toilettes, et, tout en maintenant une vigilance sans faille, m'y laissa autant de temps que je voulus. Je me rafraîchis longuement les mains. Ce fut plus difficile pour les pieds. La gymnastique à laquelle j'étais astreint pour le faire m'était aussi douloureuse que le mal lui-même.

J'évitai de me regarder dans la glace, tant j'appréhendais l'image qu'elle refléterait. Je me savais déjà complètement décomposé et conscient que ma déchéance était bien avancée. Alors, à quoi bon enfoncer davantage le clou ? Je résistai à la tentation jusqu'au bout. Ma fuite devant ma triste réalité fut pour moi une grande victoire. C'était même ma seule victoire depuis onze jours. J'en avais retiré une immense fierté. J'étais encore capable de quelque chose, ma volonté n'était pas entièrement annihilée et je n'étais pas totalement brisé.

Ce soir-là, j'eus droit à la visite de Hammadi, à une bonne soupe chaude, mais pas au sommeil. De nouveau, j'étais hanté par l'idée du suicide, plus obsédante encore qu'aux premiers jours. Je craignais que mon tortionnaire, après avoir vérifié mes « informations », ne conclue que je l'avais floué et ne revienne à la charge. Dans ce cas, il fallait m'attendre à d'autres interrogatoires, d'autres séances de torture avec des moyens plus sophistiqués encore, que je ne pourrais supporter. Ce qui me terrorisait le plus, c'était le chalumeau et la chignole. Pour le reste, la balançoire et le poulet rôti, j'y étais déjà largement initié.

Une autre voix en moi tenait un discours inverse. Et si le ministre finissait par honorer sa promesse et conclure le marché qu'il m'avait proposé lui-même ? Ce serait tout simplement une mort pour rien, inutile. Que dirais-je à mon Dieu le jour du jugement dernier ? Que j'ai paniqué devant la mort et choisi de me la donner contre Sa volonté ?

Au fond, pas un seul instant je ne crus vraiment à la promesse du ministre. Je savais que même s'il l'avait voulu, il n'en aurait pas eu le pouvoir. Jusque-là, il se contentait de couvrir une administration, dont le pouvoir réel était détenu par d'autres.

Plus tard, au cours des mois suivants, quand les premiers décès sous la torture furent connus et que la répression eut atteint la folie totale, le ministre aux mains couvertes de sang sera pour la première fois le véritable patron de son département, embarqué à la même enseigne que tous ses tortionnaires. Plus rien n'arrêtera sa fuite en avant. Il annoncera à la presse médusée la découverte d'un complot tous les quinze jours et d'une cache d'armes tous les lundis. Recevant le ministre de l'Intérieur algérien, Laarbi Belkheir, il n'hésitera pas à lui décrire, en détail et avec délectation, les atrocités que ses services faisaient alors subir aux personnes arrêtées comme « islamistes ».

S'il fallait que je me suicide, alors je ne mourrais pas seul. Ma décision était définitive, irrévocable et je la mettrais à exécution dès que je verrais mon tortionnaire arriver. Je ne pourrais pas survivre à une autre séance, mais comment faire ?

Lui sauter à la gorge ? Il me tordrait sûrement le cou le premier, et si lui-même n'y parvenait pas, la meute de gardiens qui rôdaient dans les couloirs le feraient bien à sa place.

J'étais étendu sur le matelas, le regard au plafond. Je réfléchissais aux moyens par lesquels des êtres désespérés de la vie et dégoûtés de leurs semblables mettraient fin à leurs jours. Normalement, il y a mille et une manières de se suicider. Pour mon grand malheur, aucune ne m'était accessible. D'autant que j'étais décidé à me faire accompagner dans mon dernier voyage, histoire de me convaincre que ce serait de la légitime défense. Au fond, le croyant que je suis cherchait une justification à un acte qu'il savait répréhensible et injustifiable quels qu'en soient les motifs.

J'avais bien quelques cachets pour mon diabète, que j'avais soigneusement cachés à l'insu de mes gardiens. Mon projet initial était de partir dans le coma, ce qui aurait nécessité mon hospitalisation et peut-être un déblocage de ma situation. Je voulais surtout m'extraire de mon calvaire, me venger tout en me délivrant.

Puis une idée folle, presque une illumination, me traversa l'esprit. Pourquoi ne pas essayer l'électricité ? Ce que je craignais le plus le matin devint pour moi, le soir, un espoir. Je profitai d'un moment d'inattention de mon gardien pour parcourir du regard les recoins de la pièce. J'inspectai l'installation électrique et surtout la disposition des prises et des interrupteurs. L'inventaire fut rapide et décevant. Il n'y avait en tout et pour tout qu'un interrupteur et une prise, et celle-ci était coincée dans un cul-de-sac, à deux doigts du sol. On n'a pas idée de placer une prise à ce niveau. C'était à se demander si elle avait jamais servi à quelque chose. Aucune utilité de ce côté, d'autant que la table la rendait plus inaccessible encore.

L'interrupteur, en revanche, ferait bien l'affaire. Il était à hauteur d'homme, disposé à droite de l'entrée. Cela coïncidait très bien avec mon plan. L'entrée de la pièce commençait par un étroit couloir d'à peine un demi-mètre de large, et je pouvais très bien coincer mon tortionnaire dans ce goulot.

Mais le plus dur était de parvenir à dévisser le cache

de la prise et à dégager les fils électriques. Je profitai
d'une courte absence de mes gardiens pour pousser mes
investigations de ce côté-là. Cela paraissait pratiquement
impossible. Le modèle était très ancien, bien encastré
dans le mur et, de plus, consolidé par de nombreuses
couches de chaux. Je n'avais pour tout outil que mes
ongles, coupés court.

Je pensai à mon fils Bilel. Astucieux comme il était,
il aurait trouvé la solution en un clin d'œil. Fort heureusement, il n'était pas là.

Je m'accordai un sursis jusqu'au lendemain. Ce serait
dimanche, et il y avait de fortes chances pour que personne ne vienne m'interroger. En principe, et à moins
d'un rebondissement inattendu, j'aurais la paix ce jour-là,
et tout le loisir de peaufiner mon plan.

En un mot ou deux ?

Je me réveillai tard dans l'après-midi. Il y avait dans
les couloirs une activité inaccoutumée, mais personne ne
vint perturber mon intimité. Mes deux gardiens étaient
là, bien sûr, plantés sur leurs chaises, un peu plus nerveux que d'habitude. C'était bien normal : tout l'état-
major était dans les parages. L'un des gardes lisait et
relisait le même morceau de journal qui avait servi à
emballer mon casse-croûte. De temps à autre, la voix de
Hammadi me parvenait, porteuse d'ordres et de contre-
ordres. Une autre voix demanda du bureau d'en face :
« Déstabilisation, c'est en un seul mot ou en deux ? » La
réponse tarda et une vive discussion sur l'orthographe du
mot s'ensuivit. Je devinais l'objet de ce remue-ménage
dominical. On était en train de préparer un résumé en
français du rapport sur le complot de déstabilisation du
régime dont j'étais apparemment le pivot. Il devait être
destiné à Ben Ali, revenu entre-temps de son voyage en
Chine.

« Le dénouement est proche », me dis-je. Si le ministre
de l'Intérieur revient sur sa promesse, je serai au pire

171

inculpé et quitterai ce mouroir anonyme. Bien sûr, la perspective de passer le reste de ma vie dans celui de Borj Erroumi ne m'enchantait guère. Je pensais surtout aux désagréments que causeraient à ma famille des déplacements de plus de cinq cents kilomètres pour les visites dans ce bagne redoutable établi dans une ancienne forteresse française, d'où son nom de « fort du Français ». Malika méritait mieux que de finir sa vie sur les routes et autour des prisons, un couffin à la main. Quoique... L'administration pénitentiaire, dans son acharnement morbide contre les détenus, leur imposera de choisir entre le couffin et la visite de la famille. Le ventre ou le cœur, mais jamais les deux à la fois.

Mon Dieu ! Pourvu qu'ils n'écrivent pas déstabilisation en deux mots ! Ben Ali y verrait plusieurs complots et me renverrait à la question.

Je ne connaissais pas le niveau en français de l'homme que les Tunisiens se sont donné pour président. Mais à voir le calvaire qu'il vivait chaque fois qu'il lisait en arabe les textes des discours qu'on lui préparait, je ne me faisais guère d'illusions sur sa maîtrise du français.

E così quel cattivello sarà sempre un asinello ! : « Et ainsi ce méchant garçon restera un bourricot ! » L'appréciation du Palestinien Abou Iyad sur Ben Ali n'est pas sans rappeler cette phrase de Pinocchio.

La scène se passe en 1986. Ben Ali, qui n'était alors que ministre délégué à la Sécurité, se trouva à ce titre assis entre le comte de Marenches et Abou Iyad. Le patron de la DGSE française et son homologue des Services spéciaux palestiniens se retrouvaient à Tunis pour prendre des dispositions concernant des problèmes communs de sécurité. La France était en butte à une vague d'actions terroristes, et les Palestiniens victimes, en France et ailleurs, d'assassinats perpétrés par le Mossad. La situation imposait aux deux parties de coopérer.

Les deux hommes discutèrent des heures durant, par interprète interposé. Le whisky, coulant à gogo, finit par délier les langues, et une certaine complicité s'établit entre eux. Puis Ben Ali se retira, laissant ses hôtes en tête à tête. C'est alors que de Marenches demanda à son collègue pourquoi Ben Ali n'avait pas prononcé un seul mot tout au long de la réunion. La réponse de Abou Iyad ne tarda pas, nette et cassante : « C'est un *Jahch* ! » L'interprète se figea, interloqué, hésitant à traduire les propos du chef palestinien. Enfin, il bégaya un début de réponse. « Non, dis-lui que c'est un *Jahch* ! » insista Abou Iyad. Et l'interprète tout confus de traduire : « C'est tout simplement... un âne. »

Bricolage

Tard dans la soirée, le silence se fit de nouveau dans les couloirs, pesant et déprimant. Le rapport était scellé. Je ne sus jamais comment y fut écrit « déstabilisation ». Mes gardiens se retirèrent un moment, et je repris mes cogitations sur la manière de dévisser l'interrupteur et de détacher les fils électriques. En dehors de mes ongles, je n'avais encore rien pour entreprendre cette tâche. J'étais pressé, mes gardiens pouvaient revenir à tout instant, et dès le lendemain, dans quelques heures, mon tortionnaire allait revenir à son tour. Il me fallait être fin prêt pour le dernier voyage en sa compagnie, si je voulais échapper à son étreinte mortelle.

De nombreuses et laborieuses tentatives avec les ongles échouèrent. Je donnai quelques petits coups sur le couvercle pour faciliter les choses, pas trop fort pour ne pas alerter les gardiens. Sans aucun résultat. A un certain moment, la sentinelle postée sur le toit, jusque-là endormie, reprit sa ronde. Le bruit de ses bottes couvrit un peu mon bricolage. Un coup sec de la paume de la main droite réussit à faire bouger le couvercle. Je craignis qu'un autre ne casse le tout et fasse découvrir le pot aux roses. Il me fallait continuer avec des moyens plus fins.

Un bruit de pas dans le couloir me fit me précipiter sur le lit. A quelques pas de la chambre, l'un des gardiens, revenu contrôler les lieux, se mit à marcher sur la pointe des pieds. Je me couvris la tête et fis semblant de dormir. Convaincu que j'étais profondément endormi, il se retira aussi discrètement qu'il était venu, laissant, pour plus de précaution, la porte ouverte.

Quelques secondes plus tard, il rejoignit la partie de cartes, dont j'entendais de loin les commentaires passionnés. Je repris aussitôt mon travail. Je cherchai dans les tiroirs de la table quelque chose qui me faciliterait mon entreprise. Rien de tranchant, tout juste un trombone coincé dans une fente. Je réussis à le retirer, mais il ne me servit à rien.

J'eus soudain un espoir dans le pot de yaourt que j'avais gardé pour ma veille. J'en aspirai le contenu au moyen d'un trou que je fis à sa base. J'avais souvent vu Taher et les enfants de son âge manger ainsi leurs yaourts. Ils s'amusaient par la suite à se piéger mutuellement avec les pots vides, mais en apparence intacts. J'utilisai le mien pour dévisser le couvercle de l'interrupteur, sans succès. La feuille d'aluminium était trop fine et donc pas assez résistante. Pliée, elle devenait assez solide, mais trop grosse pour entrer dans la fente des têtes de vis. De multiples tentatives échouèrent. J'étais au bord du désespoir.

J'essayai de nouveau le trombone. Au bout de plusieurs tentatives, je réussis, en l'introduisant en longueur dans la fente, et en lui imprimant un fort mouvement, à faire bouger l'une des vis. C'était la plus facile. Je finis par la dévisser entièrement. Il ne me restait qu'à arracher le couvercle.

Les fils électriques étaient suffisamment longs pour me donner prise en cas de besoin. Je remis le tout en l'état. Il ne fallait évidemment pas que l'on découvre mes travaux. C'en aurait été fini de mon projet.

Je regagnai mon lit, confiant : s'il y avait une nouvelle séance de torture, elle se passerait autrement que mon tortionnaire l'aurait envisagée. Mon plan était simple : dès qu'il entre dans la pièce, je le coince dans l'étroit couloir, le prends par la gorge, referme la porte et m'accroche aux fils électriques. Je ne savais pas comment

174

je réagirais à la première décharge. Les rares fois que je m'étais trouvé en contact avec le courant électrique, je m'étais fait éjecter à quelques mètres. La première fois, enfant, j'avais introduit un clou dans le trou d'une prise, et la deuxième fois, c'était en bricolant mon réfrigérateur. Si cela devait arriver, ma tentative aurait été inutile et je risquais les pires conséquences. Mais j'étais décidé à ne pas lâcher les fils une fois empoignés, et encore moins le cou de Mohammed. Et si je devais mourir, même tout seul, alors je ne mourrais pas en lâche.

Cette nuit-là, je dormis relativement bien.

9

Libre... de partir

Je fus réveillé le lundi matin par un bruit de machines à écrire et de discussions de femmes. C'était plutôt étrange. Depuis douze jours que j'étais entre ces murs, je n'avais pas entendu une seule voix féminine. La seule femme que j'avais aperçue quelquefois était une femme de ménage. Elle passait très tôt le matin, quand je commençais tout juste à m'endormir. Jamais elle ne dit mot et jamais nos regards ne se croisèrent. J'avais pourtant espéré pouvoir lui glisser, à l'insu de mes gardiens, le numéro de téléphone par lequel elle préviendrait ma famille. Peine perdue : mes gardiens étaient toujours présents lors de son passage. Elle ne devait pas être n'importe qui pour travailler dans ces lieux. Et même si elle n'était pas un agent des services, rien ne l'obligeait à mettre en danger sa sécurité et son gagne-pain pour rendre service à un inconnu.

Ces voix de femmes augurèrent pour moi d'une nouvelle situation. Le service se normalisait et reprenait son rythme de travail antérieur. Tant qu'il était livré aux tortionnaires, il n'y avait pas de place pour des femmes, fussent-elles de la police. Non point que des femmes ne soient pas capables des atrocités que commettent les hommes ou qu'elles ne puissent les supporter. L'histoire des dictatures révèle qu'elles ont souvent accompli de nombreuses sales besognes dans le système répressif. Mais en Tunisie, la présence féminine est relativement récente dans certains corps de l'État comme la police, où son rôle est resté cantonné dans des fonctions subalternes. On craignait sans doute aussi qu'en entendant à longueur de journée battre, hurler et gémir dans des pièces contiguës à leurs bureaux, ces jeunes mères de famille ne parlent. Les « caves chantantes » n'ont jamais empêché les cris des suppliciés de traverser les murs. D'où sans doute la disparition provisoire, tout au long de mon séjour, du personnel féminin.

Les indiscrétions et les témoignages de femmes torturées révéleront pourtant quelques mois plus tard le rôle joué par des femmes. La femme tunisienne a investi tous les domaines, répètent fièrement les responsables des organisations féminines. Même celui de l'extrême limite de l'ignominie, devraient-elles ajouter.

En témoigne le cas de cette femme de trente-cinq ans, mère de trois enfants et épouse d'une personnalité du mouvement Ennahdha. Elle fut torturée, maltraitée et soumise à un harcèlement constant en 1991 et 1992, par, entre autres, des agents féminins de la police. Quand elle réussit finalement à quitter le pays, ses sœurs payèrent à sa place.

Lueur d'espoir

Le sentiment d'une normalisation me fut confirmé par l'apparition de policiers en tenue dans les couloirs, que je constatai en allant aux toilettes. Au milieu du couloir et à quelque distance du bureau du chef, l'un d'eux avait installé sa chaise et s'affairait à caser sa table miniature. C'était toute une gymnastique, tant le couloir était étroit et la circulation dense.

En début d'après-midi, Si Hammadi vint me voir. J'attendais plutôt son collègue Mohammed avec une grande appréhension. La venue du chef suprême me surprit et me soulagea à la fois. Il fit une entrée discrète, presque imperceptible. Je ne me rendis compte de sa présence que lorsque j'entendis remuer une chaise. C'était mon gardien qui partait.

« Quel sort tu espères pour toi-même, Ahmed ? » demanda Hammadi, sans autre forme de préambule.

Je fus pris au dépourvu. Depuis le temps qu'on ne me demandait plus mon avis sur rien, j'avais fini par ne plus en avoir. Aussitôt, je me remis mentalement en position d'autodéfense. Je savais qu'il n'y avait en tout cas que deux issues à ma situation : une inculpation, pour laquelle les services de Si Hammadi trouveraient sans difficulté les chefs, ou une simple libération. Dans la première hypothèse et au cas où je serais jugé, il fallait s'attendre que de nombreuses personnalités du régime soient entendues d'une manière ou d'une autre. J'estimais que le régime ne pourrait souffrir que l'unanimisme de façade auquel il tenait tant soit lézardé. J'étais dans l'erreur totale.

Les procès ultérieurs infirmeront mon hypothèse : j'aurais très bien pu être inculpé et incarcéré sans jamais avoir droit à un procès juste et équitable, tout au plus une parodie, en quelques minutes et à huis clos, pour sauver les apparences. Ce fut la procédure généralement utilisée par la suite, dans la série ininterrompue des procès politiques en Tunisie.

« Vous savez, Si Hammadi, j'ai été franc avec vous, lui dis-je. Ce que j'ai fait, l'a été dans le cadre d'une action politique que je considère légitimement comme un droit.

— Oh non, ça suffit ! Tu ne vas pas me ressortir ces sornettes. Tu es impliqué dans un grand complot de déstabilisation de l'État que les médias expliqueront bientôt au public. Je vais pour ma part, et sur la base des dispositions à nous aider que tu as exprimées, te repêcher et te faire sortir du pétrin. Mais il faudra que tu tiennes parole ! »

Je n'osai pas lui rappeler les termes du marché du ministre de l'Intérieur, proposé deux jours plus tôt. Des aveux complets contre un bannissement de deux ou trois ans. Mais qu'importait ! Le plus important était que l'on cesse de me torturer, que je ne rencontre plus mon tortionnaire raffiné et que je ne sois pas conduit à mettre mon plan de suicide à exécution.

Je repris de nouveau espoir. Si le directeur des RG venait s'enquérir de mes *desiderata*, cela ne devait pas être pour un sondage d'opinion. Il était sûrement question de me relâcher, et c'était un grand atout. Je reprenais goût à la vie et, sans attendre, je réclamai à manger. J'avais toujours peur qu'on oublie de m'apporter mon casse-croûte quotidien ou que, prétextant la fermeture des fournisseurs traditionnels, on ne m'apporte n'importe quoi.

Pour une fois, je pris soin de choisir mon menu : des côtelettes de mouton avec des frites et un yaourt pour dessert. Pas de quoi grever le budget de la police et encore moins faire sauter sa caisse noire.

Pour la première fois, mon insomnie ne fut pas provoquée par l'angoisse, mais par un accès d'optimisme. Je jubilais à l'idée de retrouver, dès le lendemain peut-être, ma femme et mes enfants. Ce n'était pourtant qu'une simple idée, une lueur d'espoir. Mais elle était suffisante pour me rendre extrêmement nerveux. Mes gardiens remarquèrent mon nouvel état d'esprit. Mais sûrement informés de ce qui se tramait sur mon sort dans les coulisses, ils finirent par changer d'attitude à mon égard.

Au milieu de la nuit, je sentis un grand besoin de bouger un peu. Il me fallait réapprendre à marcher en vue de ma libération éventuelle. J'obtins l'autorisation de faire quelques mouvements et quelques pas dans le couloir. M'ayant vu terminer mes exercices de gymnastique, ils me demandèrent si je voulais faire une partie de cartes avec eux. J'acceptai avec plaisir, et j'eus un plus grand

180

plaisir encore à les battre. Opération de charme ou tout simplement ultime tentative de me tirer les vers du nez ? Toujours est-il qu'on me posa de nombreuses questions sur mes intentions et mes projets, sur ce que je comptais faire après ma libération éventuelle...

« Oh, vous savez, c'est bien simple. Quand on retourne à la vie, on essaie d'en profiter au maximum. Les projets viendront après. » C'était le paysan sahélien qui parlait, mais l'homme humilié avait déjà son projet.

« Et pourquoi tu ne restes pas à servir ton pays ? Tu sais, quelqu'un comme toi peut facilement prétendre à un poste de ministre, renchérit l'un d'eux.

— Franchement, je n'ai jamais pensé que cela puisse se faire, parce que je n'ai jamais ambitionné un tel honneur. Non, je suis quelqu'un de très simple, qui ne demande qu'à vivre comme il l'entend, en accord avec lui-même. »

Je n'osais pas leur dire ce que je pensais : je n'enviais aucun des ministres de Ben Ali, dont certains, qui ont gardé un minimum de dignité, verraient dans leur disgrâce une délivrance pure et simple. J'avais à l'esprit la mésaventure vécue par deux d'entre eux quelques mois plus tôt. Amis inséparables, ils s'étaient promis d'aller ensemble au Conseil des ministres, qui se tenait ce jour-là. L'un des deux s'engagea à passer prendre son collègue en voiture. Mais il oublia l'heure. Le second, confiant dans la ponctualité de son ami, ne daigna même pas regarder l'heure et continua calmement son travail. Quand ils revinrent à eux, il leur était difficile d'arriver à temps à Carthage, mais ils firent quand même le trajet. A leur arrivée aux grilles du palais, ils avaient un quart d'heure de retard. C'était suffisant pour leur valoir une bonne correction du maître. Nos deux ministres décidèrent alors de sécher le conseil, rebroussèrent chemin et se firent établir des certificats médicaux pour justifier leur absence.

A partir de 1992, Ben Ali innovera en matière de conduite avec ses ministres. Conseillé sans doute par ses stratèges en communication, il fera à ses ministres des procès publics à la télévision, pour les motifs les plus anodins. C'est ainsi qu'à la suite de chacune de ses « visites inopinées » à un asile de vieillards, à un hôpital ou à une école, où il aurait remarqué un dysfonctionnement, une incurie ou une négligence, il convoque le ministre concerné pour lui assener à la face du peuple la leçon qu'il mérite : attention, aujourd'hui c'est un simple avertissement ! La prochaine fois, ce sera la cour martiale ! Et à moi la popularité de pacotille...

Libération conditionnelle

« Le président a eu une réunion aujourd'hui avec les services de sécurité » ; j'entendais la radio pour la première fois depuis quatorze jours. La voix de la speakerine me parvenait des bureaux à nouveau occupés depuis la veille par les secrétaires. « C'était le flash de 18 heures », concluait le bulletin.

En temps normal, l'information m'aurait laissé de glace. Il y avait longtemps que les Tunisiens avaient cessé de regarder leur télévision et d'écouter leur radio nationale à l'heure des informations. La langue de bois, le faux et l'usage de faux y étaient devenus la règle, et pas une fausse note de sincérité, de vérité ou de simple objectivité ne venait troubler le nouvel ordre de la médiocrité. Le culte de la personnalité avait aussi fait des pas gigantesques. La chose n'était pas nouvelle pour nous. Bourguiba était, du temps de son règne, l'alpha et l'oméga de la vie d'un peuple, et les informations n'étaient que par lui et pour lui. Mais on avait au moins l'occasion d'en rire. Il était un comédien et un charmeur qui inspirait tout sauf l'indifférence, et, surtout, il sonnait vrai.

Avec Ben Ali, c'est l'avènement du faux en tout genre. Faux est le jeton, fausse est la mise, fausse est la règle du jeu. Il se sait nu, ses compatriotes le voient nu, mais il persévère à se présenter vêtu des meilleures vertus.

Pour la première fois depuis des années, une information officielle me faisait sursauter. J'imaginais que mon sort avait peut-être été scellé au cours de cette réunion. Je n'eus pas à attendre longtemps ; à peine un quart d'heure plus tard, Mustafa fit son entrée, l'air toujours un peu constipé, les sourcils froncés et la mine renfrognée.

« Allez ! Lève-toi, Ahmed, et habille-toi !

— Est-ce pour une rencontre ou seulement pour rester ici ?, m'assurai-je.

— C'est pour une rencontre », répondit-il.

Je demandai quelques minutes pour me laver et soigner un peu ma présentation. Ce fut encore une fois l'occasion d'affronter ma triste réalité dans la glace. L'image qu'elle me renvoya n'était guère reluisante, même après les quelques jours de remise en forme.

Je fus conduit en voiture au bâtiment central du ministère de l'Intérieur. Pendant le trajet, je me rendis compte que je n'étais pas aussi entouré qu'au début. Était-ce la fin des égards dus à un dangereux comploteur ? Je n'avais droit qu'au chauffeur et à un garde du corps. C'était en tout cas de bon augure. Après un bref cérémonial, je fus introduit auprès du directeur des Services spéciaux. Le directeur des RG, Si Hammadi, m'y avait précédé.

« Assieds-toi, Ahmed », me dit le maître de céans sur le ton de l'invitation. Puis, remarquant ma confusion — je ne savais où m'asseoir —, il me désigna le fauteuil à la gauche du bureau. Je remerciai et m'assis. Il était encore occupé au téléphone. Dès qu'il lâchait un combiné, un autre appareil sonnait. Il y avait six ou sept téléphones sur le bureau. Il y avait là de quoi faire perdre la raison au plus sage des mortels et le rendre fou de puissance.

« Mais qu'est-ce que vous lui avez donné pour qu'il se porte si bien ? » lança-t-il à Hammadi quand il daigna enfin s'occuper de nous.

Je pris les devants : « J'ai été bien traité, monsieur le

directeur général, répondis-je. J'ai toujours eu ce que je voulais et je n'ai pas du tout à me plaindre.

— Et ces tessons de bouteilles ? On nous accuse à l'étranger de faire asseoir les détenus sur des tessons de bouteilles !

— Oh non ! Franchement, pas du tout ! Je n'ai rien vu de tel, et les seules bouteilles que j'ai eues, c'étaient des bouteilles d'eau minérale. »

Il esquissa un sourire, réalisant que j'exagérais un peu sur la qualité du service.

« Voilà, Ahmed. Monsieur le président a décidé de te libérer. C'est parce qu'il est un grand homme, que son régime est fort par ses militants et ses réalisations qu'il te libère. Tu vas partir maintenant, mais tu iras par la suite remercier le grand homme Si Kamel qui est intervenu en ta faveur auprès de monsieur le président. Nous verrons par la suite ce qu'il en est de ton passeport. Nous t'en ferons peut-être un qui soit valable uniquement pour les pays africains. Mais Paris, c'est fini. Définitivement fini ! »

Je le remerciai vivement, le priai de transmettre à Son Excellence monsieur le président ma reconnaissance, et promis d'aller voir le grand Kamel aussitôt que je me serais un peu reposé.

« Et surtout, pas de déclarations aux journalistes, me lança-t-il quand je fus parvenu à la porte.

— Mais quels journalistes ? » protestai-je. Y en avait-il donc encore en Tunisie ?

Je fis mon ballot aussi vite que je le pus. J'étais prêt. L'administration l'était aussi. Trois fonctionnaires me rapportèrent les objets saisis : la ceinture, l'alliance, mon mouchoir et une petite comptabilité ; tant pour les cigarettes, tant pour les médicaments, le médecin et la nourriture étaient gratis. Il me restait sept dinars, assez pour rentrer chez moi. Le compte était bon. Je récupérais tout, hormis ma dignité. Mais elle n'était pas comptabilisée.

Enfin, dernière formalité au bureau du directeur des RG, les derniers conseils de sa part et une offre de m'avancer de l'argent pour le retour. Je déclinai l'offre et le remerciai, lui servant le grand jeu : « Je voudrais vous remercier, Si Hammadi, pour tout, et surtout rendre hommage à votre grand professionnalisme dans la conduite de cette affaire. »

J'avais visé juste, au point sensible. L'homme n'avait peut-être jamais eu droit à une telle reconnaissance de ses qualités professionnelles, et par une de ses propres victimes de surcroît ! Alors, dans un élan du cœur, il vint vers moi, m'embrassa et me demanda pardon pour ce qu'il m'avait fait. Je lui pardonnai sincèrement, conscient qu'il n'était qu'un bâton.

D'autres attendirent que j'arrive à la sortie pour venir me saluer. L'un d'eux me dit sur le ton de la plaisanterie qu'il se sentait frustré de ne pas avoir eu de moi sa juste part, concluant : « Vas-y maintenant, tant qu'il est encore temps ! »

A la porte, j'eus droit à ma dernière surprise. Un jeune colosse me prit dans ses bras et me serra si fort que je crus un instant qu'il allait m'étouffer.

« Dieu merci, il y a toujours des restes d'humanité dans les coins les plus insoupçonnables. L'esprit du mal et la haine n'ont pas encore tout détruit », me dis-je en franchissant les portes du ministère de la Torture.

Vertige

En sortant, je trébuchai et faillis tomber. Il n'y avait pourtant ni marche, ni crevasse, ni dénivellation. Le trottoir était parfaitement plat à cet endroit. Non, c'était autre chose. Je passais le mur de la liberté, et c'était tout simplement vertigineux. Je ne sais si les pilotes ressentent la même chose en dépassant celui du son. En tout cas, au bout de quelques pas, je me sentis complètement déséquilibré. Je pris appui sur une voiture, l'espace de quelques secondes, puis repris mon chemin en direction de la gare.

Tout m'était nouveau. Je revenais à la vie, ou plutôt

je renaissais. Et, tout comme un nouveau-né, je poussai mon premier cri et me mis à sangloter.

Les rares passants qui me croisaient dans la rue s'écartaient ostensiblement de moi. Ma démarche titubante au milieu de la rue et mes sanglots me faisaient passer visiblement pour un ivrogne frustré ou un drogué en manque. Quelqu'un m'accosta et, me tirant doucement vers le trottoir, me demanda si j'avais besoin d'aide.

« Oui, si tu peux m'aider à arriver jusqu'à la gare. » Elle était à quelques dizaines de mètres de là, dans un quartier que je connaissais comme ma poche, et je n'arrivais pas à me retrouver.

« Qu'est-ce que tu as, mon père ? As-tu perdu quelqu'un ?, insista le jeune homme.

— Oh ! c'est une longue histoire. C'est difficile à raconter, mais voilà, j'ai perdu ma dignité. Non, bien plus, j'ai perdu mon humanité. »

Le pauvre me prit tout simplement pour un fou. Il m'aida cependant à monter les marches de la gare et me proposa son assistance jusqu'à mon départ.

« Non, mon fils, je suis porteur d'une grave maladie. Je dois t'éviter tout risque de contagion. Vas-y maintenant et que Dieu te bénisse. Mais si un jour on te donne à choisir entre la vie et la dignité, n'hésite pas, choisis la dignité. Sans elle, la vie n'a aucun sens. »

Ce fut pour lui la confirmation de mon profond dérèglement mental.

Il restait une demi-heure jusqu'au départ du train. J'en profitai pour téléphoner chez moi.

« Allô, Malika, c'est moi !

— Qui êtes-vous ? »

Je n'en revenais pas. Avais-je changé à ce point, en deux semaines, ou m'avait-on porté disparu, corps et biens ? « C'est moi, Ahmed, ton mari ! » Il y eut un silence, puis un sanglot.

« Non, écoute ma chérie, ça va maintenant, tout est fini. J'arrive par le dernier train, attendez-moi à la gare, et surtout soyez très discrets, n'ameutez pas toute la famille. »

186

Je ne pouvais mieux faire. Les limiers de Hammadi étaient toujours à mes basques, autant pour juger de mes réactions que pour ficher ceux de mes proches et amis qui viendraient à ma rencontre. Il n'y a pas que la sympathie qui se paie, la simple compassion est mise hors la loi.

L'école de la tricherie

Mes consignes furent scrupuleusement respectées durant les jours suivants, avec parfois un certain excès de zèle. Cela permit à quelques-uns de sauver la face, et évita à d'autres de donner la dimension de leur lâcheté. Un petit incident me révéla à quel point la couardise était devenue le sentiment le mieux partagé par les Tunisiens.

Quatre jours après mon retour, je sortais de chez moi quand je me trouvai nez à nez avec quelqu'un qui avait vécu, quatre ans plus tôt, une expérience comparable à la mienne. Le pauvre était coincé. Il ne pouvait venir à ma rencontre de crainte d'être vu et n'acceptait pas de passer à mes yeux pour ce qu'il était. Alors, il me tourna le dos et s'acharna à frapper à la porte d'une maison qu'il savait inhabitée. Je pris un malin plaisir à ralentir le pas, puis à m'arrêter. Il a dû passer un mauvais moment à tricher avec lui-même.

Mais qui donc, dans cette grande école de la tricherie collective qu'est devenu le pays, a encore suffisamment de scrupules pour demeurer soi-même, rester fidèle à des principes ou à des valeurs, ou tout simplement éviter de sombrer dans le marécage de l'imposture ?

Un exemple parmi d'autres de cette ambiance de tricherie : en 1984, le gouvernement décida une augmentation intempestive des prix du pain et d'autres produits alimentaires de base. Il s'ensuivit une révolte populaire et des centaines de morts. Depuis, par crainte de telles réactions violentes, on évite d'annoncer aux Tunisiens les augmentations périodiques des prix de leurs aliments et

autres produits. Pourtant, elles se font le plus régulièrement du monde, grâce à une ruse puérile : on diminue
le poids, le volume ou la capacité. Les prix ne changent
pas, mais le pain diminue de poids, le pot de yaourt ou
la bouteille de gaz contiennent moins de produit...
Jusqu'au jour où, en payant le pain, le client reçoit une
claque.

Amis de toujours

Mes tentatives pour récupérer mon passeport se révélèrent plus difficiles que je ne croyais. De fait, aucun des
hauts dignitaires du ministère de l'Intérieur n'était en
mesure de se prononcer sur mon cas, et le directeur
général des Services de sécurité n'avait pas plus d'autorité à ce sujet que le dernier de ses gardes du corps. Il
me fallait pourtant partir au plus tôt. Mes proches me
poussaient à le faire sans tarder, tant ma liberté et peut-
être ma vie étaient menacées. Il y avait de l'orage dans
l'air : j'étais à la merci d'une banale citation pour interrogatoire, ou tout simplement d'un changement d'avis du
caïd de Carthage.

Un message de Kallel, le ministre de l'Intérieur,
m'incita à intensifier les contacts et à multiplier les
marques d'allégeance pour accélérer mon départ. Le
ministre de l'Intérieur, au faîte de sa gloire et se prenant
déjà pour le dauphin, me fit savoir que son chef était
prêt à affronter une « situation de cinquante mille détenus
et de cinq mille morts ». A bon entendeur, salut !

Aucun des familiers et proches du caïd ne lui connaissait une telle détermination. Onze ans plus tôt, en 1980,
alors qu'il était directeur général de la Sûreté nationale,
il avait été incapable de voir venir le coup de Gafsa. Le
contenu du télex qui était sur son bureau était pourtant
on ne peut plus clair : son agent à l'ambassade de Tunisie
à Tripoli lui annonçait que des commandos tunisiens
s'apprêtaient à pénétrer dans le pays. Venus du Liban et

188

d'ailleurs, ils avaient transité par la Libye avant de poursuivre vers l'Algérie, où ils furent armés. Ils s'infiltrèrent le plus simplement du monde en Tunisie et séjournèrent plus d'un mois à Gafsa avant de prendre la ville d'assaut, par une nuit de janvier. L'armée ne put reprendre la ville et sauver la mise que grâce à un appui logistique français et au prix d'un carnage.

Il était normal que le premier responsable de la sécurité paie sa négligence assassine. Il fut démis de ses fonctions et c'est le ministre de l'Intérieur, Driss Guiga, qui l'en informa. Lorsque ce dernier entra dans son bureau, Zine Ben Ali se leva, entendit la sentence et tomba raide. Le médecin de la maison le sortit de sa syncope par une série de gifles.

Le « roi caché »

Le directeur des RG me convoqua pour le 16 mai, en principe pour me rendre mon passeport et les objets saisis lors de la perquisition de ma maison. Je dus me contenter de ces derniers. Pour le passeport, il fallait revenir le lendemain et surtout passer par l'inévitable Kamel Letaief. Encore une fois, j'avais la preuve de la rapide dérive de l'État. Mais qu'à cela ne tienne. Je pris rendez-vous pour le lendemain avec le « roi caché ».

Il était près de midi quand, résigné enfin, après de longues hésitations, à pénétrer dans ce que les Tunisiens appelaient déjà « Carthage II », au 2 de la rue de Beyrouth à Tunis, je croisai dans les escaliers maître Néjib Chebbi, le chef du Rassemblement socialiste progressiste. L'opposant de toujours avait le dos un peu plus courbé que d'habitude. Il pensait à haute voix, épongeant d'une main son large front et cherchant de l'autre un appui sur la rampe.

Lui aussi venait de découvrir où se situait le véritable pouvoir, en quémandant auprès de Letaief la mise en liberté de son frère, arrêté quelques jours plus tôt. Le colonel Chebbi, aperçu en ma compagnie au café Africa deux ans auparavant, mais tenu en suspicion depuis toujours, avait de ce fait été mis à la retraite anticipée en 1989. Il aurait dû figurer dans le scénario de la conspiration. Fort heureusement pour lui, il en réchappa grâce aux capacités persuasives de son frère.

Kamel me reçut très chaleureusement. On peut tout dire de l'homme, sauf qu'il manque de fine courtoisie. Il m'informa que, dès qu'il avait été au courant de mon arrestation, il avait « donné ses instructions » pour qu'on ne m'« emmerde » pas trop. Il me débita encore une fois son discours rageur sur les islamistes, Baccouche, Mzali et tous ceux avec lesquels j'étais en contact. Plus question pour moi de défendre qui que ce soit. Il me fallait sauver ma peau, obtenir mon passeport et partir. Le temps de la riposte viendrait plus tard.

« Allez récupérer votre passeport auprès de Mohammed Ali [Ganzouhi] et repartez vite », me dit-il. Je n'en espérais pas plus.

Un dernier passage chez Hammadi où, pour une raison que je n'ai pas saisie sur le coup, on me fit décliner l'identité de tous mes enfants. Le petit Taher était dorénavant dans le fichier de la police.

« Il faut prévenir ta fille Amira que nous l'avons à l'œil, me lança Hammadi, menaçant. Aujourd'hui même, on l'a encore aperçue avec une de ses copines à conspirer dans un coin de la cour du lycée. Ta femme aussi d'ailleurs. Nous avons intercepté sa communication téléphonique avec Paris, où elle cherchait à contacter Claude Cheysson. Que peut-il faire ici ? Nous sommes chez nous quand même, non ?

— Ah bon, il suffit qu'une fille de quatorze ans s'isole avec sa copine pendant cinq minutes dans un coin de la cour pour que l'on crie au complot. Je vais la retirer du lycée, un tel climat n'est guère propice aux études. »

Cela donne une idée du climat de délation qui régnait dans le pays. Pour qu'un « incident » aussi insignifiant parvienne aussi vite au directeur des RG, il fallait que le système soit parfaitement huilé. Je crus qu'un tel trai-

tement m'était tout spécialement destiné et qu'il ne visait
que ma propre famille. Mais au cours des mois suivants,
les preuves de son extension à l'ensemble du pays, à tous
les instants de la vie personnelle et collective, se sont
amoncelées.

Nul doute n'est plus permis. Un système totalitaire,
combinant vieilles méthodes de persuasion de masse et
procédés modernes de dressage des consciences, était en
train de s'installer.

Le prix d'un passeport

Je fus enfin introduit chez Ganzouhi. J'eus droit à tous
les honneurs dus à un homme réhabilité et, qui plus est,
muni des recommandations de la plus haute autorité
réelle du pays.

En me remettant enfin mon passeport, le directeur
général des Services spéciaux m'informa tout bonnement
que, malgré toute la confiance que le président avait
désormais en moi, il fallait des garanties supplémentaires.

« A partir d'aujourd'hui, aucun membre de ta famille
n'est autorisé à quitter le territoire tunisien. Ils sont entrés
dans l'ordinateur depuis ce matin, ajouta-t-il malicieuse-
ment. Surtout, ne va pas croire que ce sont des otages. »
Je compris alors le sens du manège du matin.

« Bien sûr que ce ne sont pas des otages, Si
Mohammed. Je n'ose croire qu'il puisse en être ainsi
dans notre État de droit. De toute façon, n'ayez aucune
crainte, je pars rejoindre mon travail, et j'envisage de ne
me consacrer à rien d'autre. »

En me remettant mon passeport, il me réédita son discours, maintes fois rabâché, sur la solidité d'un régime
populaire, présidé par un chef jeune, intègre, patriote.

« Donnez à Si Ahmed votre numéro de téléphone,
ajouta-t-il à l'adresse de son collègue. Où que vous
soyez, vous pouvez téléphoner à Si Hammadi. On

complote de partout contre le président. Vous serez ses yeux et ses oreilles à l'étranger, n'est-ce pas ?

— Bien sûr, vous pouvez compter sur moi. »

Amère victoire que celle que je venais de remporter : un passeport au prix de la déchéance...

Hammadi tenait à être courtois jusqu'au bout. En m'accompagnant hors de la cité interdite, il m'assura que, chaque fois que je désirerais voir un membre de ma famille, il suffirait que je lui téléphone. Il ne manquerait pas de m'accorder une telle faveur. Il mit enfin à ma disposition chauffeur et voiture pour me conduire jusqu'au milieu de l'autoroute Tunis-Hammamet, là où j'avais abandonné la mienne, tombée en panne le matin même. Le chauffeur était justement son plus proche collaborateur, celui qui avait donné à mon premier interrogatoire, trois semaines plus tôt, le ton et la couleur des lieux.

« Vous ne devez garder aucune amertume de ce qui vous est arrivé, Si Ahmed, me dit-il en guise d'introduction quand nous eûmes dépassé La Cagna. Croyez que, si on m'avait livré le ministre ou même Ben Ali, je l'aurais traité de la même manière. J'appartiens à celui qui me paie, et j'obéis à celui qui me commande. »

En Tunisien qui se respecte, il crut bon de sonder les possibilités de profiter de la nouvelle situation.

« Est-ce que vous pouvez m'aider à acheter une voiture à l'étranger ?, me demanda-t-il. J'ai bien sûr la voiture du service, mais je ne peux pas en disposer à ma guise.

— Mais il me semble qu'il est difficile de régler le problème avec la douane, pour quelqu'un qui ne réside pas à l'étranger.

— Oh ! ne vous en faites pas, il n'y a pas plus simple. »

Il m'a fallu plus de deux ans pour comprendre son optimisme, qui prit pour moi tout son sens à la faveur des scandales de vols massifs de voitures à l'étranger et des autres activités criminelles impliquant des autorités de mon pays.

De retour chez moi, je convoquai le conseil de famille. Il n'était pas question que je parte sans mettre ma femme et mes enfants au courant de leur nouveau statut et des risques qu'ils encouraient. D'autant que j'étais décidé à agir à l'étranger, à témoigner et à dénoncer le nouveau modèle de démocratie tunisienne. Aucune forme de combat n'était encore possible en Tunisie. C'est à peine si l'on pouvait y survivre. Et encore, il fallait pour cela courber la tête et lécher les bottes.

J'expliquai tout aux miens, mais surtout les représailles dont ils ne manqueraient pas d'être victimes. L'alternative qui s'offrait à moi était claire : rester au pays sous la menace permanente d'être impliqué dans un des nombreux complots concoctés à Carthage au fil des jours, ou partir, avec une longue séparation en perspective.

Tous s'accordèrent à dire qu'il fallait que je parte au plus tôt. Ils sauraient s'adapter aux nouvelles conditions, m'assurèrent-ils. Et puis qui sait ? Chaque chose a son temps et chacun a son heure. Et pour les mortels, même dictateurs ou voyous puissants, l'éternité n'existe pas.

L'amandier de Oued El Ghazel

Le lendemain, je pris le chemin de l'exil. A cinquante ans, il est dur de quitter la famille, les êtres qu'on a appris à aimer, ou même à haïr, sans aucune perspective de retour. Je n'avais plus l'âge où la patrie était pour moi un concept abstrait, une carte géographique à laquelle on colle un nom et une histoire.

Mon pays, c'était bien sûr cela, mais aussi le cimetière de mon village qui abrite les tombes de mes parents et de mes aïeux, et sur lesquelles je récitais une prière chaque fois que le hasard d'un cortège funèbre m'y conduisait.

C'était aussi l'amandier sous lequel, treize ans auparavant, mon père avait été terrassé par une crise cardiaque. Le pauvre venait de quitter l'hôpital et son médecin lui avait prescrit un repos total. En fidèle homme de la terre, il ne put s'empêcher d'outrepasser les consignes et de braver le courroux de ma mère pour aller toucher à sa terre et se ressourcer auprès de ses amandiers en fleurs. Leur printemps lui fut fatal.

Quand, rappelé d'urgence le soir même d'Algérie pour ses funérailles, j'entendis le récit de ses derniers instants, je compris tout le sens de la révolte que lui-même et les paysans de Ouardanine avaient fomentée en 1969 contre la collectivisation forcée des terres. Le discours officiel, relayé par les analyses savantes des intellectuels et autres sociologues, n'y avait vu que la main obscure d'éléments hostiles au progrès.

C'est à ces paysans pourtant et au culte quasi mystique qu'ils vouent à la terre que la Tunisie doit aujourd'hui de ne pas être totalement dépendante de l'assistance alimentaire internationale.

Par respect pour sa mémoire, et en hommage à cette symbolique symbiose entre l'homme et sa terre, j'épargnai au vieil amandier l'arrachage que je fis subir par la suite à tous les arbres vieillissants du verger. Par moments, je me mis à me suspecter de cultiver un quelconque rite païen, tant les soins que je donnais au vieil amandier étaient exagérés. A Oued El Ghazel, il y a bien longtemps que les gazelles ont disparu, mais il subsistera au moins un amandier fétiche, qui rappelle les liens organiques entre l'homme et son œuvre.

Je savais que cet amandier me manquerait plus que tous ceux que j'avais plantés ces dernières années, et dont j'ai eu rarement le plaisir de goûter les fruits. Les chapardeurs me précédaient toujours pour la récolte. C'est toute une échelle de valeurs, faite de respect d'autrui et de ses biens, de solidarité et de convivialité, qui était en train de s'écrouler à vue d'œil. Ouardanine connaît très bien la rapine. Elle était de longue date dans les mœurs, mais elle était réglementée et avait son code d'honneur. Ainsi ne se pratiquait-elle jamais dans le village et encore moins aux dépens des voisins. Tout cela a changé, et adieu la fierté et l'honneur.

Si je partais sans programme de retour, je savais en revanche ce que j'avais à faire à l'étranger. Jamais mission ne fut aussi précise et jamais je ne fus aussi décidé à l'accomplir. Je fus très vite confirmé dans ma détermination. A peine deux jours après mon arrivée, les nouvelles d'une folle escalade de la violence me parvinrent de Tunis. Deux détenus, gardés à vue en même temps que moi au ministère de l'Intérieur, venaient de décéder. L'un était Abdelraouf Laaribi, un enseignant de trente-cinq ans, père de famille et sincère adepte de la non-violence. Ils l'avaient torturé à mort. Le second, Abdelaziz Mehouachi, un militaire qui avait suivi son patron à la direction de la Sûreté nationale, aurait été tout simplement exécuté d'une balle dans la tempe. C'était le moyen trouvé par Ben Ali pour impliquer son directeur général de la Sûreté, le général Sériati, jusque-là réservé sur ses méthodes — torture ou « accident de la circulation » — pour « régler » un problème politique.

Témoigner ou se taire

En Tunisie, le mensonge est roi et le négationnisme se pratique en temps réel. Pas besoin d'attendre que les historiens s'en mêlent. On niera ainsi effrontément les dizaines de milliers d'arrestations, les milliers de détenus politiques, jugés et condamnés aux plus lourdes peines jamais enregistrées par la justice politique tunisienne, dans des procès qui déshonorent pour des générations le corps judiciaire. Certains en voudront au monde pour son silence complice, sinon approbateur. Que dire alors de celui des Tunisiens qui l'encouragent, au nom bien sûr de la « lutte contre l'intégrisme » ?

On niera aussi jusqu'au bout que des menaces et intimidations sont proférées, et souvent mises à exécution, à l'encontre des parents, proches ou lointains, ou des amis des victimes de la répression, détenus ou en fuite.

Dans l'opération « éradication », l'objectif du stratège

Ben Ali était de détruire les structures d'un mouvement politique et d'anéantir moralement et physiquement les hommes et les femmes qui l'animent ou le soutiennent. La facilité avec laquelle cela a été obtenu grisa l'homme et lui fit perdre le sens de la mesure.

Rarissime fait d'armes pour un militaire qui n'a jamais, au cours de sa longue carrière, donné d'ordre d'assaut que sur des manifestants désarmés, ou pris d'autres citadelles que de paisibles maisons des quartiers populaires de Tunis ! Alors il poussa son avantage jusqu'au bout, et d'une opération de police à l'autre, c'est devenu tout simplement une guerre totale et sans quartier.

Le monde arabe connaît la dictature. A de rares exceptions près, il n'a même rien connu d'autre, et nos plus grands dictateurs sont parfois très populaires. Quand ils ne le sont pas dans leur propre pays, d'autres peuples arabes vont jusqu'à les aduler. Ce fut le cas de Nasser ; c'est aujourd'hui encore, malgré ses déboires et la somme de malheurs qu'il a occasionnés à son pays et aux autres, le cas de Saddam Hussein. Dans les républiques arabes, aucun d'entre eux n'a prétendu en tout cas justifier son pouvoir par un semblant de démocratie. De ce point de vue, le dictateur tunisien est une exception. Il commence par se faire passer pour un démocrate, ce que beaucoup de gens lui accordent avec complaisance. Puis, ayant acquis ses lettres de noblesse auprès des pontes du modèle néo-colonial de la démocratie, il commence à exercer ses attributs naturels. Il le fait avec un rare raffinement d'artiste. Dans sa guéguerre, toutes les armes sont bonnes et tous les coups sont permis. Il en use et abuse sans le moindre scrupule.

Réélu « triomphalement » — il était le seul candidat ! — en mars 1994, le président-caïd de Carthage, président en exercice de l'OUA, ne craint donc qu'une chose : la vérité. Ce témoignage était pour moi la condition pour retrouver ma dignité, mon humanité perdue entre les mains des hommes du général. Sauver ma peau en échange de mon silence : je ne pouvais accepter cet infâme marchandage, pas plus que je ne pouvais accepter la prise en otage des êtres qui me sont le plus chers. Si j'écris cela aujourd'hui, c'est pour tous ceux et toutes celles qui ne peuvent plus parler, conscient que je suis de ce que mon sort a d'enviable par rapport au leur. Et si je peux publier ce témoignage, c'est parce que les miens, otages de Ben Ali, ont réussi à échapper à sa vindicte et à retrouver la liberté.

10

Évasion

Le 18 mai 1991, alors que nous déambulions, mon frère Mahmoud, ma femme Malika et moi, dans le hall de l'aérogare de Monastir, d'où j'allais m'envoler pour Paris, je rappelai à Malika la situation qui était la sienne et celle des enfants. Des otages en garantie de mon silence à l'étranger. Peut-être même une monnaie d'échange plus tard ?

Il lui était encore possible de refuser cette situation et de m'empêcher de partir. Elle insistait au contraire pour que je parte. Plutôt loin et libre que proche et en résidence surveillée ou en prison. Elle savait pourtant qu'elle ne manquerait pas d'être poursuivie, harcelée et persécutée, pour ce que j'aurais fait ou pas fait, et pour ce qu'elle-même aurait dit ou tout simplement pensé.

Depuis les élections législatives de 1989, elle se savait fichée, comme opposante déterminée, pour m'avoir simplement aidé dans ma campagne électorale, auprès des femmes. Elle savait aussi Bilel sous la loupe de la police politique, de ses indicateurs et du comité de quartier, depuis son procès et sa condamnation en 1987. Elle sentait qu'Amira intéressait de plus en plus les censeurs d'idées et de modes vestimentaires et que ses cachotteries d'adolescente étaient interprétées d'une façon dramatique par la direction de son lycée et les autorités locales.

Dans son esprit, tout cela ne pouvait porter à conséquence. On peut en vouloir au mari ou au père pour son engagement et son activité, mais pas à sa femme ou à ses enfants innocents. Et quand bien même il serait l'auteur de crimes contre l'humanité, il en serait seul responsable, devant les hommes et devant Dieu. En aucun cas sa famille ne devrait en pâtir, ou en subir les conséquences.

Otages

Mes premiers témoignages à l'étranger provoquèrent les premières persécutions contre ma famille. Leur statut d'otages, avec ce que cela impliquait de surveillance, de filatures et de harcèlement, évolua très vite à la suite d'un article paru dans l'éphémère journal parisien *La Truffe* du 14 octobre 1991. Ne pouvant m'atteindre directement dans mon exil, Ben Ali avait décidé de le faire à travers les miens.

Amira venait tout juste de fêter ses quinze ans. Elle avait dépassé d'un an l'âge auquel les jeunes Tunisiens commencent à connaître les postes de police et les couloirs des tribunaux, quand ce ne sont pas les maisons de correction et les prisons. Alors, comme il vaut mieux tard que jamais, et que je commençais à gêner quelque peu le caïd, Amira fut arrêtée le 19 octobre 1991 en salle de classe, en compagnie de huit de ses camarades. Au bout de trois jours d'interrogatoires musclés, le groupe fut présenté au juge d'instruction qui les inculpa tous d'appartenance à association interdite, avec en prime, pour certains, distribution de tracts, réunions interdites et autres chefs d'inculpation de moindre importance.

Mais le plus bénin de ces chefs d'inculpation vaut au minimum six mois de prison ferme et, bien sûr, s'il s'agit de lycéens, l'exclusion de tous les établissements scolaires du pays. Ben Ali lui-même avait d'ailleurs subi une telle condamnation dans les années cinquante, mais pour d'autres motifs que ceux qui sont indiqués dans sa biographie officielle. Une semaine après son coup d'État en novembre 1987, des agents des Services spéciaux allèrent d'ailleurs retirer du lycée de garçons de Sousse le dossier de l'élève Z. A. Ben Ali...

Bilel, étudiant à l'université de Nabeul, fut arrêté une semaine plus tard, au cours de la séance de sport. Il fut emmené, à moitié nu, à Monastir à 120 kilomètres de là, pour y être interrogé, durant seulement un jour mais avec le tact et le savoir-faire que l'on connaît à la police tunisienne. Il fut inculpé comme il convient, par le même juge d'instruction, des mêmes délits que sa sœur.

Leurs procès respectifs durèrent trois mois pour la première et neuf mois pour le second, avec des audiences et des ajournements toutes les semaines, « pour faire durer le plaisir ». Contre les relaxes prononcées en première instance, il y avait toujours un avocat général pour interjeter appel au moindre signe du gouverneur ou de son cabinet. La justice est en principe indépendante en Tunisie. Même si cela est loin d'avoir toujours été le cas auparavant, il est certain qu'au cours de l'automne 1991, elle était simplement passée sous l'autorité directe de la police.

Le 9 mars 1992, sans doute pour achever de terroriser ma famille et, par la même occasion, pour prêter mainforte à la justice en panne, la police encercla ma maison. Le blocus durera quarante-trois jours, plus qu'il n'en faut pour juguler la menace de propagation de la plus terrible épidémie. Mais la résistance au despotisme est considérée justement comme une maladie contagieuse, nécessitant un traitement de choc. De nombreuses pressions, mais surtout la détermination de ma femme à lutter, finiront par convaincre le patron de Carthage que ce n'était pas là la meilleure façon de nous faire céder.

C'est alors que les Services spéciaux envisagèrent l'option qui terrorise tout Arabe : attenter à l'honneur de sa femme et de ses enfants. La méthode a été mille fois utilisée et ses résultats sont plus que convaincants. Oh ! ce n'est pas très méchant, du moins dans un premier temps. Il suffit de kidnapper la femme ou la fille pendant quelques heures, de la mettre nue et de la menacer de sévices sexuels. Juste le temps qu'il faut pour confectionner une cassette vidéo. Celle-ci sera commercialisée ou non, selon que la victime se montrera ou non disposée à coopérer. Mais la seule existence de la cassette et la menace de l'utiliser suffisent à désarmer pour l'éternité l'opposant le plus déterminé. Entre-temps, l'opprobre aura été jeté sur la famille de l'intéressé, ce qui aura achevé de l'isoler dans la société.

Dans son style bien particulier, Stéphane Maxime a relaté dans *Le Canard enchaîné* du 12 août 1992 des faits de ce genre sous le titre « Les opposants du patron de la Tunisie piégés à la caméra cachée ». La journaliste Rabha Attaf appela cela tout simplement « La politique porno de Ben Ali » dans le magazine français *Actuel* d'octobre 1992.

Quand j'eus vent de ce sombre projet, j'accélérai les préparatifs pour faire évader ma femme et mes enfants. Sans les réticences de mes deux fils aînés, Badis et Bilel, à quitter le pays et leur désir de résister sur place, leur évasion aurait dû avoir lieu beaucoup plus tôt.

Au mois de juin 1992, ils avaient été prévenus eux aussi, par leurs amis, de ce qui se tramait contre leur mère, mais sans grande précision. Ils y trouvèrent néanmoins l'ultime justification à une rupture avec un pays qu'ils ne reconnaissaient plus.

Une mémoire modulable

Quand ils se décidèrent enfin, j'eus besoin de faire baisser la tension et surtout d'obtenir l'allégement de la surveillance policière autour d'eux.

J'entrepris alors d'amadouer Ben Ali et de feindre un

retrait définitif et total de mes activités d'opposition. Il me fallait aussi choisir, parmi les quatre options qui m'étaient offertes, celle qui assure aux candidats à l'évasion du « paradis » tunisien le maximum de sécurité.

L'une d'elles m'avait tout particulièrement séduit et je l'avais longuement méditée. Je faillis même la choisir, tant les risques qu'elle comportait étaient minimes. Elle consistait tout bonnement à « acheter » l'ordinateur central du ministère de l'Intérieur tunisien pour une heure ou deux, juste le temps nécessaire pour boucler un vol d'avion et permettre aux membres de ma famille, tous interdits de voyage, d'embarquer sans être inquiétés.

Que n'achèterait-on pas dans nos pays ? Au début des années quatre-vingt, j'avais découvert à ma grande surprise, au cours d'un long séjour dans le Rif marocain, qu'on pouvait y acheter une route, un tronçon de route ou un carrefour, pour une durée déterminée, le temps de permettre le passage d'un transport de haschisch. Il suffisait pour cela que les gendarmes désertent les lieux durant le temps vendu, ou soient un peu plus distraits que d'habitude et tournent le dos au passage du véhicule !

En Tunisie, modèle de progrès technique, le policier n'a nul besoin de tourner le dos pour honorer son contrat. Il lui suffit de faire disparaître des noms de la mémoire de l'ordinateur, l'espace d'une heure, et de les y réintroduire une fois l'avion envolé. Cela ne laisse d'autres traces que des poches bien remplies.

Tant que la demande fut modeste, ces prestations de service restèrent bon marché : elles étaient l'apanage de simples agents d'exécution. Avec la généralisation de la répression à partir du milieu de l'année 1991, la multiplication du nombre de retraits de passeports, des interdictions de voyage, des personnes recherchées et pourchassées, la demande enregistra un véritable bond. Le trafic passa alors sous le contrôle d'un parrain d'envergure.

Division du travail oblige, c'est Ben Ali, le chef de l'État tunisien lui-même, qui entre ses contestataires dans son ordinateur, et c'est l'un de ses parents qui les en sort. C'est un commerce juteux, qui rapporte de 1 000 à 10 000 dinars (5 000 à 50 000 francs) par tête, selon le calibre et le degré de « dangerosité » du « client ». Une véritable manne pour quelqu'un qui n'était auparavant qu'un illustre inconnu. Sa fonction de président d'un club sportif tunisien finit par faire de lui le chef d'un des trois clans les plus puissants du pays. La liste de ses obligés au gouvernement et dans la haute administration est tout simplement vertigineuse.

A la fin de juin 1992, son rabatteur à Paris, bien au fait de mes inquiétudes pour ma famille et de mes intentions, me proposa de choisir entre une lettre d'excuses à Ben Ali, pour avoir refusé d'accepter la prise en otage de ma famille, et le départ facturé du pays pour Malika et les enfants.

« Mon patron te fera parvenir ta femme et tes enfants à n'importe quelle destination, avec passeports, visas et, si tu veux, des facilités de paiement », m'avait-il garanti. Craignant le piège, je n'en fus que plus méfiant, et choisis de lui confier une lettre au chef de l'État.

Celle-ci n'eut pas plus de succès que la lettre que je lui avais fait transmettre huit mois plus tôt, par l'entremise de Rachid Driss. Ce dernier, ministre dans le premier gouvernement de l'indépendance en 1956, venait de reprendre du service, après une éclipse d'un quart de siècle à la représentation tunisienne auprès des Nations unies à New York. Il se recyclait dans un créneau porteur : les droits de l'homme, côté face de la médaille. Il se fit ainsi nommer, en avril 1991, à la tête d'un « Comité supérieur des droits de l'homme et des libertés fondamentales ». C'était à un moment où ces droits et libertés étaient systématiquement violés, sur recommandation de Ben Ali lui-même. Pour éviter toute mauvaise interprétation sur ses rapports avec le dangereux opposant que j'étais, il associa à notre rencontre à Paris, en octobre 1991, deux personnalités tunisiennes hors de tout soupçon, Hassib ben Amar, ancien ministre de la Défense et actuel président de l'Institut arabe des droits de l'homme, dont le siège est à Tunis, et Zakaria ben Mustafa, ancien maire de Tunis.

C'est Abdelwahab Abdallah, le conseiller principal de Ben Ali, avec rang de ministre, qui hérita de ma seconde lettre. Il la jugea offensante pour son maître du jour puisque, n'y faisant aucune concession, j'y rappelais le droit de ma famille à me suivre dans mon exil.

Il ne suffisait donc pas que je fasse miroiter mon hypothétique abandon de toute activité politique. Pour me faire pardonner, il me fallait, m'avait-il fait savoir, exprimer publiquement mon repentir et publier, dans les mêmes journaux qui avaient accueilli mes témoignages, des articles à la gloire du caïd de Carthage. La réponse d'Abdallah ne me surprit guère.

Préparatifs de fuite

La lettre ouvrit néanmoins une brèche dans le dispositif de surveillance policière. Ma femme, aguerrie par dix-huit mois de persécutions, s'en rendit compte par un premier test. Elle loua à cet effet, en juillet 1992, une maison à Sousse et fit circuler la rumeur qu'elle y emménageait définitivement, pour les besoins de scolarisation des enfants.

Quelque peu distrait ou sans doute trop confiant dans l'étanchéité de son filet, l'agent chargé de sa surveillance ne se rendit pas compte aussitôt de ce remue-ménage. Ses indicateurs parmi les voisins avaient pourtant transmis le message et le comité de quartier avait fait convenablement son travail. Mais la chaleur de l'été tempère les ardeurs des délateurs les plus zélés. Quand il se rendit compte, deux jours plus tard, qu'elle avait déménagé, il somma Malika de revenir chez elle et menaça, en cas de refus, de confier sa surveillance à ses collègues de Sousse. C'était une véritable chance que Ouardanine, notre localité, ne dépende pas administrativement de Sousse mais de Monastir, et que, pour transférer la mission de l'autorité de l'une à l'autre, il faille passer par Tunis.

Malika s'exécuta, mais son but était atteint et sa conviction faite. Le jour J, et pour peu qu'elle entourât son entreprise d'un minimum de précautions, son départ ne serait découvert que très tard. La décision de partir vers des cieux plus cléments fut donc prise. Mais jusqu'à la veille du départ, elle ne sut pas si la destination était la Sicile, Malte ou l'Algérie.

Le vendredi 7 août 1992, ma sœur Habiba mariait sa dernière fille. La fête allait durer au moins trois jours et mobiliserait beaucoup de monde. Personne ne peut contrôler personne en pareille occasion. Un conseil restreint organisa les moindres détails du voyage, la formation des groupes, les heures respectives de leur départ de la maison, les multiples étapes et les lieux de rendez-vous. Le contact avec le passeur tunisien fut confié à Badis. Lui seul devait le connaître, et de vue seulement. Les réunions de travail se faisaient dans notre verger tout proche, à l'abri des oreilles indiscrètes. Badis et Bilel s'étaient inventé un code pour s'y retrouver, chaque fois qu'il y avait urgence à le faire.

Le samedi 8 août 1992, un malheur frappa notre voisin Hassen Lazibi, un retraité des postes. Son fils unique fut tué dans un accident de la circulation. Il avait besoin d'un local pour les traditionnelles et longues cérémonies de condoléances. Elles aussi duraient trois jours au moins et mobilisaient beaucoup de monde. Badis mit à sa disposition le grand hangar qui jouxtait notre maison, ce qui accrut la confusion générale.

Le lendemain matin, les six membres de ma famille se retrouvèrent donc, en ordre dispersé, à la gare de Sousse. Le passage de parents proches devant le lieu de rendez-vous, quelques instants avant le départ du train, faillit faire capoter le projet. Ils auraient pu être suspectés d'avoir été au courant du projet de fuite, et risquaient donc d'être sévèrement malmenés par la police pour ne pas l'en avoir prévenue. Fort heureusement, leur voiture roulait très vite et aucun d'eux n'avait regardé du côté de la gare. Le malheureux voisin Hassen Lazibi fut en revanche harcelé et périodiquement interrogé par la police sur nos « relations secrètes » pendant plus de deux ans. Son dossier ne sera classé qu'au mois de septembre 1994.

L'équipée pouvait donc commencer, empruntant par les itinéraires les plus imprévisibles et de nombreuses étapes la route qui devait les conduire deux jours plus tard en territoire algérien.

Marche forcée

« Vous êtes chez vous, Madame, annonça enfin le jeune passeur à Malika. Dans quelques instants, nous allons rencontrer notre correspondant algérien et ma mission sera terminée. »

Il était temps en effet. Un moment plus tôt, une patrouille des gardes-frontières tunisiens avait failli intercepter les fugitifs. Les phares de la Land Rover avaient manqué de peu de les balayer. Un moment, ils se crurent pris. La voiture avait marqué un arrêt, puis repris sa route. Ils ne retrouvèrent leurs esprits que quand ils virent s'éloigner les feux rouges arrière. Une fois de plus, la *baraka* était avec eux.

Pour arriver en territoire algérien, Malika dut faire dix heures de marche forcée, à travers les oueds, les ravins, les maquis et les forêts. Ni les nombreuses chutes, ni les piqûres des ronces et des épines n'entamèrent sa détermination à aller jusqu'au bout.

Malika était éreintée. Le passeur lui avait promis des mulets pour elle et les petits. Mais à la dernière minute, il avait dû les décommander, pour éviter toute fuite, prétendit-il. C'était surtout pour éviter la dépense. A un certain moment, et croyant qu'il avait affaire à la femme de l'ancien Premier ministre Mzali, contraint lui aussi de « brûler la frontière » en 1986, le jeune homme lui réclama un supplément d'argent, menaçant de les abandonner en pleine montagne. Constatant que son chantage ne payait pas et que Badis et Bilel étaient décidés à lui faire respecter les termes du contrat, il renonça à ses nouvelles exigences.

Amira et Bochra se suffisaient à elles-mêmes. Elles durent souvent venir au secours de leur mère pour la tirer par la main, afin d'accélérer la marche. Taher, quatre ans, brûlait quant à lui d'impatience d'arriver à Nabeul, où il devait retrouver, lui avait-on fait croire, sa cousine Sarrah, arrivée ce jour-là de Paris. Il trouvait néanmoins curieux qu'ils soient obligés d'y aller la nuit, à pied et dans le silence le plus total. Chaque fois qu'il ouvrait la bouche pour dire un mot ou réclamer quelque chose, Badis le faisait taire. Pour ne pas réveiller les loups, lui expliquait-il. Mais les loups étaient là et ce n'était pas eux qu'ils craignaient le plus. Pour le reste, ce fut pour Taher une randonnée de tout confort. Tour à tour sur les épaules de l'un ou l'autre de ses frères, il n'avait rien senti d'autre qu'un peu de froid au milieu de la nuit.

Bernés, les services de police annonceront une semaine plus tard, à travers leur boîte à mensonges, l'Agence tunisienne de communication extérieure, que ma famille avait quitté le pays normalement ! Et pourquoi pas par le salon d'honneur de l'aéroport ? On le voit, c'est toujours le même souci de vérité et de rigueur qui caractérise l'action de cet organisme.

Un an et demi auparavant, « répondant » à Amnesty International, qui n'avait jamais posé la moindre question à mon sujet, cette même agence déclarait que le dénommé Ahmed Manaï n'avait jamais été arrêté et encore moins torturé, puisqu'il était en fuite à l'étranger depuis de nombreuses années...

Le 10 octobre 1992, Malika et les enfants débarquèrent à l'aéroport d'Orly à Paris. Ils venaient d'Alger et étaient en principe en transit pour Vienne, la seule capitale européenne n'exigeant pas encore de visa des Tunisiens. C'était le seul moyen que nous avions trouvé pour forcer la citadelle de Maastricht et de Schengen. Après quelques hésitations, Malika se présenta à la police de l'air et des frontières pour demander l'asile politique, pour elle-même et ses enfants. Passé le premier moment de surprise, l'officier, une femme, enregistra la demande. C'était la première du genre dans toute sa carrière, confia-t-elle. Elle n'a pas encore compris comment des citoyens de la douce Tunisie ont pu en arriver là ! Puisse ce livre l'éclairer, elle aussi.

Conclusion

Comme un linceul de silence

« Connaissez-vous la Tunisie ? » A cette question, les millions de touristes — quatre millions d'entrées étaient prévues pour 1994 —, entre autres français, qui ont visité ces dernières années la Tunisie répondront sûrement oui. Un beau pays, une population charmante et accueillante, des prix à faire rêver et, par-dessus tout, la sécurité ! Les plages et les cafés de Djerba, Hammamet, Sousse, Sidi Bou Saïd ne s'oublient pas facilement... Ceux qui en reviennent ont la certitude que l'on y nage dans le bonheur, d'autant plus que ni les journaux télévisés ni la presse, en Europe, ne parlent de la Tunisie, si ce n'est pour louer le grand homme sage qui la dirige et qui a maté les « intégristes ».

Pour tous ces gens qui viennent s'y délasser d'une année de travail, en quête de soleil, de plage ou de sexe, comme pour les hommes d'affaires en quête de projets et de marchés juteux, la Tunisie est un petit paradis. Pour ses huit millions et demi d'habitants, et pour les nombreux journalistes qui s'y rendent, parfois même sur invitation des autorités tunisiennes, c'est certainement autre chose.

« Les médias sont parfois sourds et aveugles, incapables de révéler une injustice majeure dans un pays péri-
phérique si aucun événement flamboyant n'en impose
soudain le spectre violent », nous rappelle Ignacio
Ramonet, dans un éditorial du *Monde diplomatique* de
janvier 1994 sur la Guinée équatoriale.

La constatation vaut pour la Tunisie. Depuis bientôt
quarante ans que le pays est indépendant, son peuple n'a
jamais profité des attributs de sa souveraineté ni ses
citoyens du minimum de liberté qu'en toute logique une
indépendance garantit.

D'une monarchie à l'autre

En 1957, Habib Bourguiba, leader peu contesté du
pays, mit fin au pouvoir symbolique des beys husseinites
et institua la république. Il fut tenté de s'autoproclamer
nouveau bey et, sans sa crainte du ridicule, il l'aurait
sûrement fait. Les Tunisiens ne le lui auraient sûrement
guère contesté, comme très peu d'entre eux ont contesté
le caractère monarchique qu'il a donné à son pouvoir.

En trente ans de règne de Bourguiba, les Tunisiens
n'ont jamais connu d'élections libres et pluralistes et
quand, à l'occasion de l'une d'entre elles, ils exprimèrent
leurs préférences pour des hommes ou des partis peu
« recommandés », comme ce fut le cas en 1981, à une
époque où les islamistes étaient pratiquement absents, les
résultats officiels ne traduisirent jamais le choix des
citoyens. Un peuple immature étant indigne de choisir ses
représentants, selon la philosophie du pouvoir, ceux-ci
préféraient s'autodésigner. Souvent agnostiques et se
réclamant du modèle français de laïcité, ces « représentants » n'hésitent cependant pas à faire valoir les attributs
divins de leur pouvoir, quand celui-ci est contesté par les
mortels.

Occasions ratées

Dans une société pétrie depuis des générations par les vertus des réformes sages et lentes, viscéralement hostile à la violence politique et partisane, il n'aurait pourtant pas été difficile d'associer graduellement la population à la gestion de ses affaires, tout en gardant le pouvoir bien en main.

Cela aurait pu commencer, tout au début de l'indépendance, par les municipalités, pour finir au bout de cinq, dix ou quinze ans par le Parlement. Avec un peu de décentralisation, cela aurait fait un bon apprentissage de la démocratie et aurait permis à la Tunisie de se présenter en modèle pour la région.

Cela lui aurait permis d'affronter les années quatre-vingt avec une démocratie certes inachevée mais assez solide pour éviter les multiples et sanglants soubresauts qui émaillèrent son histoire contemporaine. Au pire des cas, elle aurait évité de tomber sous la coupe du médiocrissime pouvoir militaro-policier actuel et de rééditer ainsi la longue expérience destructrice du reste du monde arabe.

Mais cette situation n'aurait pas été possible sans la compromission de pans entiers de la société tunisienne et notamment de son *intelligentsia*, et sans une complaisance traîtresse des pays phares et des maîtres à penser occidentaux de la démocratie.

La Tunisie est une pièce maîtresse sur l'échiquier de la lutte culturelle dans le Maghreb, et les intégristes de la francophonie ne sont pas prêts à l'abandonner facilement. C'est ainsi que, durant plus de trente ans, peu de voix se sont fait entendre pour dénoncer les frasques du « protégé » Bourguiba et secourir un peuple meurtri et violenté en permanence. Bien au contraire : à chaque fois qu'il se trouva en difficulté, la France officielle, mais aussi celle de l'esprit, de l'intelligence, des idées et des médias, est venue à sa rescousse, au mépris de ses propres principes et dans l'ignorance totale des aspirations légitimes des Tunisiens. Comme si la francophonie ne pouvait survivre à son régime ou que les liens avec la France et l'Occident étaient menacés de disparaître avec lui !

Quel « miracle » ?

L'injustice faite aux Tunisiens continuera de plus belle avec le successeur de Bourguiba.

En sept ans de règne de Ben Ali, les Tunisiens ont connu une seule fois, en avril 1989, des élections presque libres. Pas toutes les élections, puisque la présidentielle échappait à leur volonté, ni tous les Tunisiens, puisque « un million deux cent mille d'entre eux » (selon une déclaration officielle du président de la Ligne tunisienne des droits de l'homme en avril 1989), surtout des jeunes présumés d'avance hostiles au pouvoir, en furent écartés par des subterfuges multiples.

Les Tunisiens s'y sont une fois de plus prononcés contre les tenants du pouvoir et pour un total changement des gouvernants. Leur volonté sera encore une fois bafouée, mais peut-être pour la dernière fois.

C'est que l'idée de changer tout simplement le peuple, une bonne fois pour toutes, fit son chemin dans l'esprit de ses représentants de droit divin. Depuis les élections de 1989, cette entreprise est en marche. Tout ce que le pays compte d'institutions et d'organismes et tout ce que la société compte d'organisations et d'associations s'y emploient à plein rendement, chapeautés par l'appareil répressif des polices en tout genre, elles-mêmes relayées par des milices.

Tout ce dont le pays peut s'enorgueillir d'intelligence, de savoir-faire, d'ingéniosité et d'imagination est mobilisé dans cette entreprise. Et quand, à l'occasion, une de ces vertus fait localement défaut, la coopération internationale se charge de la fournir, souvent gratuitement. Un travail de recherche appliquée, dans un domaine aussi pointu, entrepris dans un laboratoire aussi performant, mérite assistance ! Ses résultats méritent eux aussi d'être couverts par le secret absolu.

C'est donc comme un linceul de silence qui recouvre le pays réel, tissé par la bureaucratie tunisienne des droits de l'homme, la machine de propagande officielle mais aussi par des médias internationaux souvent complices et des gouvernements occidentaux d'autant plus pointilleux sur la démocratie qu'il s'agit de pays lointains et sans intérêts stratégiques pour eux, mais si compréhensifs dès qu'il est question de leurs « proches et amis ». En vertu de ce principe, un Jacques Chirac n'hésitera pas à chanter les louanges du « miracle tunisien[1] ».

Le silence sur les crimes se fera encore plus lourd. C'est qu'on a créé entre-temps, de toutes pièces et au gré des fantasmes du moment, un péril supposé être sans commune mesure avec les écarts d'un petit despote. La lutte contre l'« intégrisme islamique » vaut bien le sacrifice de quelques principes et le soutien à cet homme providentiel.

Et si les islamistes tunisiens, plus prompts à manier le verbe que la kalachnikov, se révèlent incapables de donner l'alibi tant recherché à cette dictature, alors on agite le spectre de l'Algérie toute proche. Comme s'il était possible de comparer les deux pays, hier et aujourd'hui, leurs sociétés, leurs histoires et leurs peuples respectifs, Ennahdha ici et le FIS là. L'aberration de cette comparaison serait totale si les régimes qui ont en charge l'une et l'autre n'avaient le même appétit pour le pouvoir absolu, la même voracité pour l'argent facile, le même goût pour la magouille, un égal mépris pour leurs peuples et la même disposition naturelle à servir d'intendants à leurs protecteurs traditionnels.

---

1. *La Presse de Tunisie*, 23 juillet 1992 ; *Le Monde*, 25 juillet 1992.

Monsieur 100 %

Le 20 mars 1994, des élections législatives et présidentielle ont été organisées en Tunisie. Le RCD au pouvoir y a obtenu officiellement 97,73 % des voix, contre 2,27 % aux six partis de l'opposition officielle. Il y récolta les 144 sièges du premier collège, laissant les 19 du second collège[2] aux quatre autres partis arrivés en tête du scrutin. Mais peu importent ces chiffres : le président avait, un an auparavant, décidé des résultats et annoncé que l'opposition conforme à ses vœux disposerait de 19 sièges, dont les heureux bénéficiaires figuraient sur une liste établie à l'avance.

Quant à l'élection présidentielle, le résultat était, si possible, encore moins inattendu, puisque le général se succéda à lui-même dans une élection où il était, à l'image de Dieu, seul et unique. Le décompte officiel donnait les chiffres suivants : 3 150 612 inscrits, 2 989 884 votants et tout juste 2 505 bulletins nuls, dans un pays qui compte officiellement 37,5 % d'analphabètes. Ben Ali a tout raflé avec un taux de 100 % des voix exprimées. Il améliore ainsi son score de 1989, un pauvre 99,27 %, et bat celui de tous les dictateurs arabes et africains passés et présents.

Rien ne pourra dorénavant arrêter sa marche forcée vers la folie totale. Et celui que ses affiches électorales présentent depuis longtemps comme *Hami El Hima Waddin*, « protecteur de la patrie et de la religion », se considère déjà comme un Dieu.

Un Dieu fou dont les obsédés des « fous de Dieu » seront bien obligés de révéler la nature, le jour où les Tunisiens excédés, délivrés enfin de la peur et de leurs calculs d'épiciers, renoueront avec l'esprit de résistance au despotisme et se décideront à payer le prix de leur libération, lors de quelque « événement flamboyant ».

---

2. Ce n'est pas à proprement parler un second collège. Mais une petite dose de proportionnelle, introduite dans le code électoral, a permis de justifier l'entrée au Parlement de 19 députés de l'« opposition ».

C'est ce jour-là seulement, au spectacle du sang et des morts, que les démocrates se souviendront qu'il y a un peuple tunisien meurtri dans sa chair et son âme, victime innocente d'un pouvoir mafieux, et légitimé à demander des comptes.

Ce jour-là, le linceul sera déchiré.

Ouardanine, mai 1991 — Paris, décembre 1994

Annexes

L'État de droit selon Ben Ali en vingt tableaux

J'ai choisi, parmi les centaines de cas flagrants de violations des droits les plus élémentaires, vingt exemples de la manière dont, dans la Tunisie du général Ben Ali, on conçoit l'État de droit. Puissent ces « tableaux » achever d'ouvrir les yeux de ceux qui sincèrement ne savaient pas et amener un sursaut chez ceux qui, sachant, n'ont rien dit ni fait.

Pour briser l'homme, prenez la femme

Pour briser définitivement Ali Laâridh, un leader du mouvement Ennahdha, qui continuait à lui résister depuis deux ans dans sa prison, Ben Ali fit enlever sa femme, un jour de juin 1992.

Widad revenait de l'hôpital Rabta où elle était sage-femme depuis des années. Elle avait hâte de retrouver ses enfants. Depuis son mariage, le mari était plus souvent en prison qu'à la maison, et elle était autant la mère que le père. Quand on a de plus un mari emprisonné à charge, c'est comme si on avait tous les malheurs du monde sur le dos. Widad ne cherchait pas de taxi. A cette heure de l'après-midi, il était pratiquement impossible d'en trouver un de libre à Tunis, et d'ailleurs son budget ne le lui aurait pas permis. Alors elle ne fit pas attention à la voiture qui s'arrêta à son niveau. L'appel de l'un de ses occupants à monter la laissa froide. Elle n'a pas coutume de se faire embêter par les dragueurs. Son habit de « sœur » lui donnait une certaine immunité. C'est au moment où l'un des occupants de la voiture en descendit et, lui barrant la route, lui intima l'ordre de monter, qu'elle comprit ce qui lui arrivait.

« C'est pour une simple vérification d'identité », précisa l'agent en civil. Widad n'essaya même pas de protester. En d'autres temps, il lui aurait suffi de pousser un cri pour qu'une foule de gens accoure à son secours. Avec son *hijab*, personne ne se risquait plus à le faire. Qu'on imagine un peu une femme arborant l'étoile jaune, dans l'Allemagne nazie, interpellée par la Gestapo ! Il fallait être un écervelé pour lui porter secours. Résignée, Widad s'exécuta. Personne n'accorda la moindre attention à l'incident. Depuis de longs mois, ce genre d'enlèvement était devenu assez fréquent à Tunis. Qui donc prêterait un regard à un intouchable agonisant sur un trottoir de Calcutta ? Un islamiste est bien moins que cela en Tunisie.

Widad est conduite au ministère de l'Intérieur. Elle monte péniblement jusqu'au troisième étage. Elle a beau implorer Dieu de lui venir en aide, elle a toujours la frousse. La personne qui y pénètre ne sait quand et comment elle sortira de ces lieux. Le plus ennuyeux est que sa famille ne connaîtra rien de son sort avant sa libération ou, qui sait, avant que son cadavre anonyme ne soit retrouvé à la morgue de l'hôpital. Les ravisseurs de Widad ne comptaient pas aller jusque-là. Les consignes du maître étaient strictes. Il fallait sortir de cet interrogatoire très spécial un outil de travail pour les maîtres chanteurs du scandale. On intima l'ordre à Widad de se déshabiller. Pour une femme dont l'habit fait partie d'une profonde conviction religieuse, mieux vaudrait la mort que de découvrir une mèche de cheveux.

Qu'à cela ne tienne ! Les violeurs sont là pour déshabiller entièrement la dame, qui s'évanouit. Quand elle revient à elle, le cameraman attitré du ministère de l'Intérieur finissait le tournage. Mission accomplie. La victime pourra repartir, sans autre forme de procès, pour une longue dépression nerveuse. L'hebdomadaire à scandales des Services spéciaux, *Les Annonces*, aura enrichi le lendemain sa vidéothèque d'un nouveau chef-d'œuvre de Ben Ali. La cassette vidéo ne sera pas utilisée publiquement dans une grande campagne de diffamation contre la victime. Elle sera l'épée de Damoclès brandie en permanence sur sa tête et celle de son mari.

Chantage par vidéo

Ce dernier n'a pas eu la même chance. Un an auparavant, et alors qu'il croupissait dans sa geôle depuis quatorze mois, le même « journal » « révéla », à la une et en plusieurs livraisons, le « scandale » des « dépravations et déviations sexuelles » de Ali Laâridh, invitant les Tunisiens à visionner la cassette. Cette « pornopolitique » est conduite à l'échelle internationale par les spécialistes en marketing de la jeune Agence tunisienne de communication extérieure. C'est en effet cet organisme public, créé le 7 août 1990 par une loi votée à l'unanimité par le Parlement, qui prendra en charge la diffusion de la pornographie du Hollywood tunisien à travers le monde. Les diplomates et fonctionnaires des chancelleries étrangères accréditées à Tunis, servis les premiers, furent aussi les premiers à alerter sur la banqueroute morale d'un pouvoir sans foi ni loi.

Montage grossier

Abdelfattah Mourou, ex-secrétaire général du mouvement Ennahdha, eut droit aux mêmes égards présidentiels quelques mois plus tard. Le même journal « révélera » en mai 1992, toujours à la une, comment ce cheikh et avocat très sollicité aurait abusé de ses clientes sur un tapis de prière, dans son bureau, et cela sous le feu des caméras des *Annonces*. La cassette, produit de ces prétendus ébats amoureux, fera elle aussi le tour des chancelleries. L'ambassade des États-Unis d'Amérique à Tunis, qui la fit expertiser, chargea maître Ben Halima, son conseil, d'informer le bâtonnier du barreau de Tunis qu'il s'agissait d'un montage grossier. Mais le mal était déjà fait, et maître Mourou dut garder l'hôpital pour un diabète devenu incontrôlable.

Mourou n'était pourtant pas bien méchant et encore moins dangereux pour le maître de Carthage. Dès mars 1991, découvrant qu'il ne contrôlait plus la machine qu'il était censé diriger, il gela toute activité politique au sein d'Ennahdha et versa même dans le culte de Ben Ali, sauveur et rédempteur.

De nombreuses déclarations dans ce sens (comme celle sur le « caractère sacré de la personne du président » publiée dans *Les Annonces* en novembre 1991) lui firent perdre tout crédit auprès des siens, sans lui faire pour autant gagner l'estime du pouvoir. « Quand le citron est pressé, on le jette », avait déjà dit Frédéric de Prusse à Voltaire.

Le dégoût que ce genre de pratiques inspire aux Tunisiens ne dissuadera guère Ben Ali d'en continuer l'usage. Il disposerait actuellement de cassettes vidéo racontant les aventures amoureuses et les « déviations sexuelles » de tous ses opposants, mais aussi de ses collaborateurs, pour une fois réunis sur le même piédestal. Et un universitaire tunisien de déclarer au journal *Libération* du 16 mars 1994 : « On a des fiches sur les gens, sur leur vie privée et on les utilise. »

« Création d'emplois »

Une guerre totale ne vise pas seulement à humilier l'ennemi. Il faut que celui-ci soit détruit définitivement ou au moins pour longtemps, et quelle meilleure arme que la faim pour le faire ? Le nouveau plan de développement de la Tunisie repose en partie là-dessus. C'est l'entreprise qui sera confiée au fidèle d'entre les fidèles, le ministre Kallel. L'homme, doté d'une confiance aveugle dans le génie de Ben Ali, s'est juré de réduire les femmes et les filles des Nahdhaouis à la mendicité ou, encore mieux, à la prostitution.

L'un des objectifs du Plan étant de créer des emplois, on vire alors de leurs postes ceux dont la fidélité ou tout simplement la docilité n'est pas garantie et on les remplace. Ce sont autant d'emplois créés, qui seront repris dans les statistiques officielles. Celles-ci ne font en revanche jamais état des emplois perdus.

Calvaire d'une famille

Kamel Titouhi était technicien au métro de Tunis. Pourchassé par la police, il quitte le pays le 21 novembre 1990. Il avait en charge une femme, deux enfants, sa vieille mère et son frère cadet, étudiant.

C'est son beau-frère, marié avec deux enfants, qui prend la relève. Petit fonctionnaire, il partagera dorénavant son maigre salaire entre sa belle-famille et la sienne propre. Pas pour longtemps. Au mois de mars 1991, il est arrêté et inculpé d'assistance à criminel et sera jusqu'en octobre 1992 en détention préventive. Mais ce n'est pas le plus important. Deux familles sont dans la détresse, sans aucune ressource. La solidarité a toujours un sens chez ces paysans, fraîchement arrivés dans les bidonvilles de Tunis. Et c'est le grand frère Tayeb, agent à la municipalité de Tunis, marié et père de trois enfants, qui reprend l'étendard. Vivre à quatorze personnes sur le seul salaire d'un agent municipal, ce n'est pas encore la famine, mais ce n'en est plus très loin. Alors, pour réduire les dépenses au juste niveau du salaire, tout le clan se rassemble dans la maison mère, reconstituant ce que l'évolution sociale des dernières années a détruit.

Le 21 juillet 1992, Tayeb est convoqué par son chef, qui l'informe de la décision du conseil de discipline de sa mise à pied, pour une durée indéterminée et des motifs... inconnus. C'est, en toute logique, Abdellatif, le jeune étudiant, qui devrait prendre la relève. Mais Abdellatif a été arrêté sept fois depuis le début de 1991, et pour trouver du travail, il lui faudra prouver qu'il est membre du parti au pouvoir depuis cinq ans au moins, sans relation aucune avec sa mère, ses frères et tout le clan des Titouhi depuis le début des temps.

Va pour la mendicité, s'il n'y a pas d'autre issue. Encore faut-il trouver les âmes charitables prêtes à défier les interdits. Elles ne manquent jamais, même dans les sociétés les plus égoïstes et les plus décomposées. Mais pour faire acte de charité, il faudrait pouvoir déjouer la vigilance des comités de quartier, cette variante tunisienne des tontons macoutes ; il faudrait avoir le courage, en cas d'indiscrétion, d'affronter les interrogatoires de police et les procédures judiciaires.

Le marbre ou la femme

En 1986, le pays avait de graves difficultés financières. A peine deux semaines de réserves en devises pour les importations, réduites à leur strict minimum. Le ministre de l'Économie et des Finances Rachid Sfar venait d'interdire les importations de luxe. Mais voilà qu'un bateau accoste au port de La Goulette, avec une cargaison de marbres de Carrare, les plus beaux et les plus chers, dont on ne peut vraiment dire qu'ils constituent des produits de première nécessité, sauf évidemment pour l'entrepreneur Slaheddine Letaief, frère de Kamel, à qui la cargaison était destinée.

Renseignements pris, il apparut que la dérogation nécessaire pour cette importation avait été donnée par le ministre de la Réforme administrative, Mezri Chkir, au directeur général des Douanes, passant outre les consignes de Sfar. Ce dernier, furieux, donna l'ordre à son administration d'interdire le déchargement. Manque de chance pour notre ministre, son épouse venait de tuer, quelques semaines plus tôt, un passant dans un accident de la circulation. Sa qualité de femme de ministre lui avait évité jusque-là de passer le petit mois de détention préventive d'usage dans un tel cas pour le commun des mortels tunisiens. Mais tout vient à son heure, estimait sans doute le ministre de la Sécurité, un certain Z. A. Ben Ali. A un Rachid Sfar affolé qui lui téléphonait pour demander les raisons de l'arrestation de sa femme, qu'on venait de lui annoncer, Ben Ali répondit que c'était pour une simple « vérification d'identité ». Puis l'engrenage se mit en marche.

Chkir téléphona alors à Sfar pour lui proposer un petit marché : la liberté de sa femme contre l'autorisation de décharger le marbre de Carrare. Aussitôt dit, aussitôt fait.

Nommé Premier ministre à la suite du départ de Mzali, au cours de l'été 1986, dégommé un an plus tard, Rachid Sfar resta longtemps sous le coup du chantage concernant sa femme. En 1992, alors ambassadeur à Bruxelles, il hantera jour après jour les couloirs du ministère belge de la Justice, faisant le siège du bureau du ministre pour réclamer sur tous les tons l'extradition ou au moins l'expulsion d'un demandeur d'asile tunisien. Il expliquera aux Belges, médusés par le comportement de cet ex-Premier ministre, que Ben Ali lui réclamait la livraison de l'opposant en fuite contre la liberté définitive de sa femme...

Une dépense suspecte

Le docteur M. A. est appelé au chevet d'un malade dans une famille déshéritée. En repartant, il ne se contente pas de renoncer à ses honoraires, mais glisse un billet de cinq dinars dans la main de la mère du patient. Le billet est dépensé immédiatement par la famille, longtemps sevrée. L'épicier du quartier, comptable à ses heures de loisirs des achats extravagants de certains voisins, en alerte qui de droit.

La consigne de la police était très claire : il perdrait

227

sa licence au cas où il n'aviserait pas immédiatement des dépenses de ses voisins suspectés. Le lendemain, la police enquête et remonte la filière de ce « grand trafic de blanchiment de l'argent de la drogue » (sic). Le médecin à l'âme charitable, longuement interrogé, est inculpé et traduit en justice. Il écopera de huit mois de prison ferme pour assistance à criminel ! Dans la Tunisie fraternelle de Ben Ali, ce procès et son verdict feront jurisprudence. Et les plus braves parmi les braves hésiteront à faire l'aumône à quelqu'un qui n'aura pas prouvé qu'il était benaliste jusqu'à la moelle.

Rackets en tout genre

Les plus nantis parmi les suspects se voient réduits à la misère par d'autres moyens. Ils subissent les offensives conjointes ou successives des racketteurs de la présidence, organisés en véritables clans mafieux, des agents du fisc et de la brigade financière. Qu'ils se mettent à contester le montant ou le procédé et la machine infernale s'ébranle. Et si les tirs de semonce n'ébranlent pas la résistance de l'intéressé, plus rien n'arrêtera le processus de destruction.

On ne nationalise plus dans l'État libéral de Ben Ali, c'est mauvais pour l'investissement étranger. On rackette. C'est à la limite compréhensible dans le cas d'un Mohammed Chamli, prospère homme d'affaires et notoirement connu pour être un Nahdhaoui, qu'on envoya croupir en prison en 1991 pour vingt ans, faisant main basse sur sa fortune. Mais un Abdelmagid Bouden est tout sauf cela.

Avocat d'affaires, ce dernier a su tirer parti de ses relations moyen-orientales et du flux des pétrodollars des années soixante-dix. Il rentre à Tunis au début des années quatre-vingt avec une grosse fortune et de grands projets. L'un d'eux lui tenait tout particulièrement à cœur : reprendre la Banque franco-tunisienne qui battait de l'aile. Il y engagea quinze millions de livres sterling et le nom d'une société britannique. On ne peut être mieux défendu contre d'éventuels racketteurs que par Sa majesté Élisabeth II.

Cinq ans de conflits, de contentieux, de procédures judiciaires, de procès, de condamnations, de chantage, de harcèlement et d'intimidations finirent par le contraindre à fuir le pays et à chercher refuge à l'étranger avec... 30 dinars en poche.

Il aurait pu pourtant avoir tout, la gloire et la fortune, la banque et l'amitié de Carthage. Cela ne lui aurait coûté qu'un petit million de dollars, versés à l'étranger, au profit des œuvres sociales du président. L'intermédiaire qui lui proposa le marché, un notoire homme de main d'un des clans de Carthage, ne lui laissait d'autre alternative que payer ou moisir le restant de sa vie au mouroir de Borj Erroumi.

Quant aux autres Tunisiens, les simples cafetiers, épiciers, marchands de quatre-saisons, détenteurs de licences de taxi, de débits de tabac ou de toute autre activité dont l'exercice exige un parchemin de l'administration, il est aisé de les réduire à la mendicité : il suffit de déclarer leurs licences caduques. A moins qu'ils ne baissent la tête et courbent l'échine. Et quoi de plus facile et de plus légitime quand, en plus de la femme et des enfants, il y a aussi les vieux parents qui attendent le couffin quotidien. Tristes perspectives pour celui qui, par un quelconque relent de patriotisme ou de simple dignité, défierait un système d'oppression aussi sophistiqué.

On pourrait croire que les jeunes, étudiants ou simples chômeurs, sans charges familiales ni obligations sociales, seraient plus prompts à le faire et à relever le défi de la dignité. Mais dans son extrême bienveillance, le régime a tout prévu.

En Tunisie, comme dans tout système totalitaire, l'État-providence ne donne que pour mieux asservir, et ses leaders ne se comportent pas mieux que les dealers avec leur clientèle. Avec l'accoutumance au produit, c'est l'humiliante dépendance qui s'installe. Ici c'est le fournisseur, et non le client, qui est roi.

Ainsi, avant toute nomination, chaque candidat doit montrer patte blanche auprès de la police. Qu'importe qu'on ait été un rat de prison pour des affaires de mœurs, de corruption ou autres. Un casier judiciaire chargé de condamnations pour de tels délits est même un avantage.

Mais si par malheur, le candidat à la fonction publique est fiché quelque part dans la mémoire d'une puce, suspecté non pas de contestation — l'intéressé serait déjà incarcéré — mais de velléités d'indépendance, il lui faudra alors se racheter aux prix d'introductions et de recommandations de représentants des clans mafieux, de pontes du parti, ou tout simplement de la maîtresse d'un quelconque conseiller présidentiel.

Véritable chemin de croix, face auquel la rédaction d'une thèse de doctorat ou d'un mémoire de diplôme ne serait qu'une partie de *chich-bich*, notre trictrac.

Quand une amnistie conduit à la plage

Au mois de juin 1992, A. M. décroche une maîtrise de langues. Il a eu, quatre ans plus tôt, son baccalauréat avec mention. Ce brillant fils de paysan a eu maintes bourses pour des voyages d'étude à Londres, Boston et ailleurs, et enfin un prix présidentiel. Son recrutement comme professeur ne posera aucun problème. Nommé dans un lycée du nord du pays, il rejoint son poste dans les délais. Le moment n'était pas aux fines bouches, la famille attendait son premier salaire. Au bout de deux semaines de travail, il est convoqué par le proviseur du lycée, qui lui signifie son licenciement.

« Va régler tes problèmes avec le ministère de l'Intérieur, lui dit-il. Tu reprendras ton travail quand ce ministère, et aucun autre, nous aura communiqué sa décision dans ce sens. »

C'est alors que A. M. se souvient qu'en 1987, il a été condamné, avec certains lycéens de son village, à une peine de cinq ans avec sursis, extravagance qu'aucune loi tunisienne ne prévoit, pour distribution de tracts. La condamnation n'avait-elle pas bénéficié de l'amnistie présidentielle de 1989 ? Mais non, pas du tout ! L'amnistie « générale » était sélective et ne couvrait pas les délits politiques, voilà tout !

Alors commence pour A. M., ses parents et ses amis, la galère des interventions, Untel intervenant auprès de Untel pour intervenir auprès de…, etc. Cela dura un an, sans résultat. Enfin résigné, notre jeune polyglotte s'en alla vendre des amuse-gueules aux touristes, sur les belles plages ensoleillées de Sousse.

Mort pour crime de lèse-ordinateur

Au mois de juillet 1989, Marwan ben Zineb se relevait péniblement d'un accident de voiture. Astreint à de périodiques et longues séances de rééducation, il ne pouvait s'adonner avec ses amis, comme à son accoutumée, aux plaisirs de la plage. Mais c'étaient surtout les préparatifs de son prochain voyage aux États-Unis qui lui firent accepter d'endurer la canicule de l'été en ville. Brillant informaticien de vingt-six ans, il voyait dans la bourse qu'il venait de décrocher la clé d'un avenir radieux.

Le matin du 28 juillet 1989, il emprunta la vieille R12 de son père pour se rendre à l'hôpital, emporté par son rêve américain, mais aussi tenaillé par une certaine angoisse.

Il faillit oublier l'ami qu'il avait l'habitude de prendre en voiture et ne se rendit compte de sa présence que quand celui-ci le héla. Ils firent ensemble un bout de chemin, puis se quittèrent pour ne jamais se revoir.

A la nuit tombée, l'inquiétude laissa la place au désarroi chez les Ben Zineb. Marwan était un garçon rangé, qui n'avait pas coutume de disparaître sans prévenir. On avait certes remarqué chez lui une certaine nervosité, mais on l'expliqua par le départ tout proche.

Tout le monde se mobilisa pour le retrouver. On téléphona toute la soirée et les jours suivants, chez les amis, les nombreux parents, à la police, dans les hôpitaux. Aucune nouvelle de Marwan.

C'est alors que sa sœur se souvint que Marwan lui avait confié sa peur d'avoir percé un secret de la plus haute importance, quelques jours auparavant. Il s'était introduit fortuitement dans le système informatique de la présidence et avait découvert entre autres une liste d'agents du Mossad accrédités à Tunis pour surveiller les chefs palestiniens et nombre de militants tunisiens et arabes de la cause palestinienne. Il ne lui en avait pas dit plus, mais c'était déjà trop !

Au troisième jour, le père, Habib ben Zineb, juge à la retraite, demanda et obtint une audience auprès du ministre de l'Intérieur, Chedly Neffati. Il lui rappela les services qu'il avait rendus à l'État tout au long de sa vie, et l'assura qu'il consentirait bien à lui sacrifier encore un fils, si cela était nécessaire. Il ne lui demanda rien d'autre, en échange de ce sacrifice abrahamique à la nouvelle divinité, que de lui révéler le sort de son fils. Le ministre lui fit la réponse entendue depuis trois jours de la bouche des chefs de postes de police : « Marwan n'est pas chez nous, il n'a pas été arrêté, n'a jamais été recherché par la police et n'a été signalé dans aucun accident de la circulation. »

Il y avait tout dans le ton du ministre, sauf la sincérité. En quittant le ministère, Habib ben Zineb était convaincu que son fils était passé par là et que s'il n'y était plus, il devait déjà être enterré ou, au mieux, dans une morgue.

Au huitième jour de sa disparition, le cadavre de Marwan fut retrouvé à la morgue de l'hôpital Charles-Nicolle. Il y avait été inscrit cinq jours plus tôt, sous un faux nom. A « motif du décès », on pouvait lire : « accident de la route ». En même temps que son cadavre, on retrouva sa vieille R12 à Hammam-Lif, au niveau de Bou-Kornine, à quelques mètres de la voie ferrée et à moins de 50 mètres du poste de police de la circulation ! Dans le coffre de la voiture, il y avait les papiers, les lunettes, la montre et d'autres effets personnels, rangés avec un soin particulier. Mais surtout, il y avait les clés de la voiture, miraculeusement déposées sur l'enjoliveur de la roue avant droite.

Avant de se « jeter » sous le train, Marwan a donc pris soin de tout mettre en ordre. Mais jamais un mort n'a eu autant de mal à gagner sa sépulture. Il attendit encore une semaine pour être porté en terre. Jamais la police n'a autant honoré de sa présence les funérailles d'un simple et anonyme citoyen. La veille de son inhumation, elle investit le quartier et se mêla à la famille pour veiller le corps. Elle assura pendant des semaines la protection rapprochée de la tombe, à l'affût d'une quelconque révélation outre-tombe de Marwan.

Sitôt le fils porté en terre, le père tomba dans un coma dont l'issue fatale l'emporta, quelques mois plus tard.

« Hépatite [1] »

« Rachid Chammakhi, vingt-huit ans, sympathisant d'Ennahdha, a été condamné par défaut le 28 février 1991 à trois mois d'emprisonnement pour avoir distribué des tracts. Il est passé à la clandestinité et a engagé, le 15 juillet 1991, une procédure en appel. Le procès, qui devait se dérouler le 19 août 1991, a été renvoyé au 25 octobre. L'épouse de Rachid Chammakhi aurait été arrêtée et maltraitée le 23 octobre ; sa maison et celles de ses sœurs auraient été perquisitionnées. Il a été arrêté le lendemain à six heures et demi du matin au domicile de sa sœur, à Mornag.

« Les policiers sont retournés au domicile de cet homme le 25 octobre pour relever des numéros de téléphone et le 26 pour chercher un caméscope. Rachid Chammakhi aurait été vu par de nombreux témoins le lendemain de son arrestation dans une rue de Slimane, entouré de policiers, alors qu'il se trouvait dans un "état lamentable". Il avait les mains attachées dans le dos par

---

1. Document d'Amnesty International, *Tunisie. Détention prolongée au secret et torture*, MDE, 30/04/92 Londres, mars 1992, p. 21.

des menottes, une chaîne autour du cou et le dos en sang. Le 28 octobre, son père a été convoqué au poste de police, où on lui a annoncé que son fils était mort d'une hépatite. La famille de cet homme a tenté pendant toute la journée d'obtenir la restitution du corps avant l'enterrement. Le 29 octobre, le corps de Rachid Chammakhi a été ramené au domicile familial dans un véhicule de police escorté de cinq autres voitures. Ce n'est que sur l'insistance de ses proches que le corps a pu être transporté pour quelques minutes dans la maison, sous une stricte surveillance policière. Il portait les traces d'une autopsie et, bien que ses proches n'aient pu l'examiner, ils ont vu une cicatrice sur la partie gauche du torse et des contusions à la tête. Le corps a été ensuite emmené au lieu de l'inhumation où se trouvaient de nombreux policiers.

« Des témoins oculaires ont indiqué par la suite à Amnesty International qu'ils avaient vu Rachid Chammakhi dans la nuit du 27 octobre au poste de police de Nabeul. Selon leurs dires, il était en sous-vêtements et son corps portait des traces visibles de torture et de contusions. Il était menotté et avait dû rester debout pendant plus de trois heures dans le couloir avant d'être emmené dans une pièce pour être interrogé. Les témoins ont entendu le bruit des coups et les cris de la victime pendant plusieurs heures. Rachid Chammakhi s'était ensuite évanoui dans la salle de bains et avait été emmené à l'hôpital.

« Un autre témoin, qui affirme avoir vu cet homme à l'hôpital, a indiqué que son corps était couvert de blessures et de contusions, qu'il parlait avec difficulté et se plaignait d'avoir mal. Il est mort à l'aube du 28 octobre. »

« Accident de la circulation[2] »

« Fayçal Barakat, vingt-cinq ans, étudiant en mathématiques et en physique à l'université de Tunis, était un membre bien connu d'Ennahdha et de l'Union générale tunisienne des étudiants (UGTE), syndicat interdit en 1991. Dans une interview à la télévision, il avait condamné la réaction du gouvernement aux événements du 8 mai 1991. Ce jour-là, plusieurs étudiants auraient été tués ou blessés à la suite de heurts avec les forces de police. Ce jeune homme, passé ensuite à la clandestinité, avait été jugé par défaut et condamné à six mois d'emprisonnement pour, entre autres chefs d'inculpation, appartenance à une organisation interdite.

« Au début d'octobre 1991, son frère, Jamel Barakat, a été arrêté par la police qui souhaitait peut-être faire pression sur lui pour qu'il se rende. Fayçal Barakat a été interpellé à Nabeul, entre le 8 et le 10 octobre 1991, à l'endroit où il se cachait avec quatre autres personnes, et placé en détention au secret. Sa famille a apparemment été informée le 17 octobre par les autorités tunisiennes qu'il était mort des suites d'un accident, sans qu'aucune explication ne soit fournie. Le certificat médical délivré par l'hôpital de Nabeul le 11 octobre 1991 indique que l'examen du corps d'un inconnu a révélé la présence d'une commotion et de contusions sur différentes parties du corps, notamment les genoux et la plante des pieds. Il est également indiqué qu'il avait l'estomac vide.

« Jamal Barakat a été maintenu en détention après la mort de son frère, apparemment pour dissuader sa famille de contester la version officielle de la mort de celui-ci. Sadok Chaabane, conseiller présidentiel pour les droits de l'homme, a déclaré aux représentants d'Amnesty International, qui se sont rendus en Tunisie en décembre 1991, que le père de Fayçal Barakat avait admis que son fils était mort dans un accident de la circulation.

---

2. Document d'Amnesty International, *Tunisie. Détention prolongée...*, *op. cit.*, p. 21

« Des témoins oculaires ont indiqué par la suite à Amnesty qu'ils avaient vu Fayçal Barakat au poste de police de Nabeul avant sa mort. Selon leurs dires, quand il y avait été amené le 8 octobre, il était clair qu'il avait déjà été torturé : il aurait été torse nu et ligoté, avait des contusions sur le visage et les yeux en sang. Il aurait été emmené dans le bureau du responsable. Plusieurs personnes qui se trouvaient dans le couloir, et notamment un groupe d'une trentaine de détenus, ont affirmé avoir entendu pendant quatre à cinq heures des cris et des bruits évoquant un passage à tabac. Le corps de Fayçal Barakat, apparemment sans vie, a ensuite été abandonné dans le couloir. Selon un témoin, il était déformé et se trouvait dans la position du « poulet rôti ». Les policiers l'ont aspergé d'eau. Ses codétenus, qui n'avaient pas été autorisés dans un premier temps à lui venir en aide, ont pu ensuite le porter sur une chaise. Des médecins ont été appelés une demi-heure plus tard. Les codétenus de Fayçal Barakat ont appris quelques jours plus tard qu'il était mort. »

Amnesty fera par la suite expertiser le rapport d'autopsie établi par les médecins tunisiens par un médecin légiste britannique de l'université de Dundee. Celui-ci conclut que la mort était causée par l'« introduction d'un objet tranchant de 15 cm de long dans l'anus de la victime ».

Ne pas laisser de traces

Mongi Jouini, candidat indépendant aux élections législatives de 1989, raconte à Amnesty International[3] : « Mes souffrances ont commencé après mon arrestation, le 19 décembre 1990, quand ils m'ont enlevé tous mes vêtements, me laissant complètement nu. Ils m'ont ensuite suspendu pendant des périodes d'environ quatre heures et m'ont frappé violemment avec des bâtons. Les

---

3. *Ibid.*, p 15.

tortionnaires se relayaient pour me frapper : quand l'un d'entre eux était fatigué, un autre le remplaçait. J'avais les pieds enflés et en sang. Je me suis évanoui, ils m'ont détaché et aspergé d'eau froide pour que je reprenne connaissance. Mes souffrances ont continué et j'ai été suspendu quinze fois. La dernière fois, le 31 décembre, ils m'ont tiré hors de ma cellule individuelle obscure — je me traînais sur les genoux, incapable de me mettre debout ou de marcher normalement —, et ils m'ont demandé : "Tu veux toujours nier ce que tu as fait ?" Ils m'ont alors déshabillé et ont ordonné qu'on me suspende encore une fois, jusqu'à ce que je perde connaissance et que je reste muet. Je ne pouvais plus parler. Ils m'ont détaché et ramené dans ma cellule individuelle, où je suis resté pendant dix jours, sans pouvoir parler, manger, ni faire un mouvement. Ils ont amené un médecin de la sécurité. […] Ils m'ont laissé dans cet état pendant vingt-neuf jours sans aucune investigation. Quand ils ont été sûrs que la plupart des traces de torture avaient disparu, ils m'ont transféré. »

« Mon mari est en voyage d'affaires »

Mouldi ben Amor est originaire du gouvernorat de Mahdia. Directeur de société, la trentaine, marié et père de trois enfants, il résidait à la cité Mourouj dans la banlieue sud de Tunis. C'est là qu'il fut arrêté, fin 1991. Il fut détenu durant trois semaines au ministère de l'Intérieur, où il connut les affres de la torture. Relâché, il fut repris dix jours plus tard et incarcéré à la prison civile « 9 avril » à Tunis. Le 21 janvier 1992, il quitta à jamais la vie et les siens. Voici le récit de son supplice, recueilli par mes soins, corroboré par les témoignages concordants de trois de ses codétenus.

« Pour passer le temps, Mouldi avait pour habitude de griffonner sur du papier. Le chef de la cellule le dénonça, et les geôliers, venus fouiller ses affaires au moment de la promenade, découvrirent les croquis de la maison qu'il rêvait de construire après sa libération. Il en avait discuté auparavant avec ses codétenus. Ses geôliers y ont vu en revanche l'esquisse du plan de la prison que Mouldi devait remettre à un complice à l'extérieur. Le tabassage commença aussitôt, mené par le sous-lieutenant gardien-chef et supervisé par le directeur de la prison. Cela dura toute la journée. Des éléments de la DST y prirent part par la suite. Puis Mouldi fut envoyé dans la cave, abandonnée depuis 1980 à la suite d'une révolte des prisonniers de droit commun. Il fut au préalable enchaîné et complètement dévêtu. A peine quelques dizaines de centimètres de chaînes, ce qui l'obligeait à faire ses besoins à ses côtés.

« Privé de nourriture, d'eau et de soins, son séjour et son calvaire ne durèrent pas longtemps. Au bout de quelques jours, la cellule originelle de Mouldi connut un certain remue-ménage. Elle fut vidée de ses occupants qui furent dispersés dans d'autres cellules. Aucun d'entre eux ne pourra à terme se rendre compte et témoigner de la disparition de leur ancien camarade. Mouldi fut inhumé le 21 janvier 1992 en l'absence de sa famille. Seule sa femme fut informée de la prise en charge des frais d'inhumation par la présidence. On exigea d'elle, en contrepartie, de ne souffler mot sur la disparition de son mari. Régulièrement visitée par les agents de la DST, sa femme ne cesse de répéter à ceux qui lui demandent des nouvelles de son mari qu'il est "en voyage d'affaires". »

Destins de femmes [4]

« Une femme de trente-cinq ans, mère de trois enfants et épouse d'un membre dirigeant du mouvement Ennahdha, torturée, maltraitée et soumise à un harcèlement constant en 1991 et 1992, raconte, après avoir réussi à quitter la Tunisie : "A partir de mars 1991, après que

4. Amnesty International, *Tunisie, des femmes victimes de harcèlement, de torture et d'emprisonnement*, MDE 30/02/93, Londres, 3 juin 1993, p. 8-10.

mon mari eut quitté la Tunisie, j'ai dû me présenter au ministère de l'Intérieur trois fois par semaine. Chaque fois, ils me gardaient plusieurs heures, parfois toute la journée. Ils me demandaient où était mon mari et ne me croyaient pas quand je leur disais que je l'ignorais. Ils me menaçaient. Ils m'ont fait enlever le *hijab* plusieurs fois et m'ont dit de divorcer d'avec mon mari. Ils m'ont déshabillée, m'ont menacée de sévices sexuels et m'ont battue. Une fois, en août 1992, ils m'ont gardée toute la journée ; ils m'ont déshabillée devant plusieurs policiers, deux femmes appartenant à la police et mon frère qui m'avait accompagnée. Puis ils ont fait entrer dans la pièce un membre d'Ennahdha qui était détenu, et ils ont dit qu'ils allaient le forcer à me violer. Ils ont éteint des cigarettes sur mes organes génitaux pendant que deux policiers me maintenaient les mains et qu'une femme policier me tenait le visage. Ils m'ont suspendue par les poignets, m'ont frappée sur tout le corps et m'ont cassé le bras. Quand ils m'ont relâchée tard dans la soirée, je me suis rendue à l'hôpital. Trois jours plus tard, quand je suis allée signer comme d'habitude au ministère de l'Intérieur, je leur ai dit que j'avais pris contact avec un avocat et déposé une plainte. Ils m'ont dit de retirer ma plainte, sinon ils allaient me violer et m'accuser d'adultère."

« Cette femme est allée ensuite vivre dans sa famille. Certains de ses proches ont été harcelés et maltraités pour avoir accepté de l'héberger avec ses enfants. Son frère a été interpellé et maltraité à plusieurs reprises. Après que cette femme eut quitté la Tunisie, sa sœur a été arrêtée plusieurs fois et a été victime de tortures et de sévices sexuels.

« Des médecins spécialisés dans les soins aux victimes de torture, et exerçant au sein de l'Association pour les victimes de la répression en exil (AVRE) à Paris, ont confirmé que cette femme souffrait toujours d'une paralysie partielle du bras droit résultant apparemment d'une suspension prolongée par les poignets. Ils ont ajouté que son état physique correspondait aux tortures qu'elle avait décrites.

« Le 6 novembre 1992, une femme enceinte de cinq mois, soupçonnée d'activités politiques pour le compte du Parti communiste des ouvriers tunisiens (PCOT), a été arrêtée à son domicile de Gabès par des membres des forces de sécurité. Ceux-ci ont fouillé sa maison sans avoir présenté de mandat de perquisition. Ils ont dit à cette femme qu'ils l'emmenaient au poste de police pour quelques minutes seulement, afin d'effectuer des vérifications à propos de son mari interpellé quelques heures auparavant. Cette femme a alors été contrainte de laisser sa petite fille seule. Elle a affirmé qu'au cours de sa garde à vue au poste de police de Gabès, elle avait été partiellement déshabillée, frappée à coups de bâton et menacée de viol ainsi que d'autres actes de violence si elle ne fournissait pas d'explications sur ses activités politiques. L'un des policiers lui aurait dit : "On va te faire descendre ce que tu as dans le ventre." Elle a été contrainte de signer un procès-verbal sans en connaître le contenu. Comme son état de santé se dégradait et qu'elle risquait de faire une fausse couche, les policiers l'ont relâchée le lendemain. Son arrestation n'est pas mentionnée dans les registres de la police. Cette femme s'est ensuite rendue à l'hôpital, où elle a reçu des soins pendant deux jours ; elle en est sortie avec un certificat médical lui enjoignant de rester alitée pendant deux semaines. Elle a également consulté d'autres spécialistes et a tenté de déposer une plainte pour les mauvais traitements qui lui avaient été infligés pendant sa garde à vue. Cette femme a de nouveau été arrêtée le 13 novembre ; elle a été interrogée alors qu'elle était allongée sur le sol du poste de police, incapable de rester debout. Relâchée quelques heures plus tard, elle a de nouveau été interpellée le lendemain. Une autre femme, enceinte de six mois, arrêtée le 13 novembre à Gabès et accusée d'activités au sein du PCOT, a été bousculée, giflée et menacée à l'intérieur du même poste de police. Elle a vu l'autre femme allongée sur le sol après avoir subi des mauvais traitements et a signé le procès-verbal sous l'effet de la peur.

« Les deux femmes ont été jugées le 18 novembre 1992, en même temps que neuf hommes également accusés d'activités politiques pour le compte du PCOT. Elles ont été condamnées à quatre mois d'emprisonnement pour appartenance à organisation illégale (le PCOT) et collecte de fonds sans autorisation. Les avocats de la défense ont sollicité un examen médical de leurs clientes ainsi qu'une enquête sur leurs plaintes pour mauvais traitements, mais le tribunal n'a pas fait droit à leurs demandes. Les deux femmes enceintes sont restées en détention jusqu'au 11 janvier 1993, date de l'audience d'appel, bien que le tribunal ait ordonné leur remise en liberté sous caution en attendant qu'il soit statué sur leur recours. Leurs condamnations ont été confirmées, mais elles ont été libérées le lendemain à la faveur d'une grâce présidentielle. Les deux femmes ont perdu leur emploi pour avoir été condamnées à une peine supérieure à trois mois d'emprisonnement. Depuis leur remise en liberté, elles ont été interrogées par la police à propos de leurs activités, de leurs relations avec d'autres personnes et de leurs sources de revenus. »

Une cigarette fantôme

Observateur, au titre de la FIDH, du procès en appel de Naoufel Ziadi, secrétaire général de l'Union générale des étudiants tunisiens (UGET), maître Stéphane Maugendre relate cette affaire dans un « prérapport de mission[5] ».

« Le 18 mai 1992 à Mahdia (Tunisie), un toxicomane avait affirmé qu'il avait rencontré un certain monsieur Naoufel Ziadi, originaire de Sfax, accompagné de sa sœur Sonia et d'un ami pêcheur et lui avait acheté une ciga-

---

5. *La Lettre*, Fédération internationale des droits de l'homme, 22 juillet 1993.

rette confectionnée de stupéfiants dans une villa se trouvant sur la plage de la Chebba, durant l'été 1991.

« Suite à cette déclaration, la police avait précisé, d'elle-même, qu'il s'agissait du secrétaire général de l'UGET, ce que n'avait jamais précisé le toxicomane.

« Le 7 avril 1993, le tribunal correctionnel de Mahdia a alors condamné monsieur Naoufel Ziadi, originaire de Sfax, à deux années d'emprisonnement par défaut.

« Le 18 mai 1993 au matin, suite à une convocation de la police de Tunis, monsieur Naoufel Ziadi, secrétaire général de l'UGET, faisait opposition à cette décision en spécifiant qu'il n'était pas originaire de Sfax, qu'il n'avait pas de sœur prénommée Sonia, qu'il n'avait pas d'ami prénommé Nichera, qu'il n'avait jamais passé de vacances à Chebba, ni loué ou acheté une maison là-bas.

« Le 18 mai en fin de matinée, le local de l'UGET à Tunis était encerclé par la police et monsieur Naoufel Ziadi arrêté malgré son opposition — suspensive de l'exécution de la peine d'emprisonnement selon l'article 180 du code de procédure pénale tunisien.

« Le 5 juin 1993 avait lieu la confrontation entre le toxicomane et monsieur Naoufel Ziadi, sans que ne soient convoqués les avocats qui n'ont été présents que par le fait du hasard.

« Lors de cette confrontation, le toxicomane a déclaré que c'était la première fois de sa vie qu'il voyait cette personne et qu'il n'avait jamais eu aucune relation avec lui.

« Le 9 juin 1993, le tribunal correctionnel de Mahdia confirmait la culpabilité de monsieur Naoufel Ziadi au motif que le toxicomane avait subi des pressions avant sa confrontation avec monsieur Naoufel Ziadi et le condamnait à un an d'emprisonnement.

« C'est le 28 juin 1993 que la cour d'appel de Monastir devait audiencer cette affaire.

« Quinze avocats étaient présents pour assurer la défense du prévenu, sept ont pu effectivement prendre la parole pour demander le renvoi et plaider la demande de mise en liberté de monsieur Naoufel Ziadi.

« L'affaire a été renvoyée au 11 octobre 1993, la sentence confirmée mais monsieur Naoufel Ziadi a été libéré.

« La coïncidence de ce procès avec la Conférence de l'ONU sur les droits de l'homme à Vienne, les pressions exercées par la Ligue tunisienne des droits de l'homme et de nombreuses ONG, et l'état de santé de Naoufel Ziadi, opéré à cœur ouvert en 1988 et portant une valve artificielle dite "de star" et menacé soit d'une hémorragie, soit d'une hémiplégie (aucun cardiologue n'a pu le voir au cours de sa détention), ont été déterminants dans sa libération conditionnelle. »

« L'affaire concernant monsieur Naoufel Ziadi avait pour but de déstabiliser l'UGET », conclut maître Maugendre.

« Trafic de drogue »

A partir de 1992, suite tout particulièrement à l'inculpation et à la condamnation à dix ans de prison ferme, par défaut, de Moncef Ben Ali, frère du président tunisien, par un tribunal parisien pour trafic de drogue, les autorités tunisiennes utiliseront fréquemment cette nouvelle arme contre leurs opposants ou tout simplement des gens en rapport avec l'opposition.

Au mois de septembre 1992, Ali Besbes, un septuagénaire retraité, revient chez lui à Tunis, après un week-end à Monastir, sa ville natale. Des policiers l'attendent pour une « perquisition dans la maison », lui disent-ils. Il les fait entrer sans même demander le mandat nécessaire à cet effet. Personne ne demande plus un mandat de perquisition à la police. En un tour de main, un des agents rapporte d'un coin d'une pièce un petit sachet. C'était la preuve du délit ! Ali Besbes est arrêté et incarcéré. Quand il est enfin présenté au juge d'instruction, on le confronte avec l'homme qui l'avait chargé. Celui-ci, un retraité de la garde nationale, éclate alors en sanglots, déclarant au juge qu'il n'a jamais vu ni connu Ali Besbes, et que c'est sous la menace qu'il a accepté de l'accuser de vendre de la drogue. Mais à la fin de 1994, et sans que rien de nouveau ne soit venu corroborer les accusations policières, Ali Besbes était toujours en détention préventive. Il semblerait qu'il ait entretenu des rapports de famille avec l'ancien Premier ministre en exil Mohammed Mzali, ce qui expliquerait sa détention arbitraire.

Le juge n'est pas médecin[6]

Le professeur Fatah était observateur pour Amnesty International aux deux procès simultanés pour « complot contre la sûreté de l'État », devant le tribunal militaire de Bab Saadoun au cours de l'été 1992. Il écrit : « Un observateur averti (et même une personne non avertie) ne pouvait manquer de constater que certains des accusés n'étaient pas dans une condition physique excellente ni même normale. Bien qu'aucun d'entre eux n'ait été porté ou amené dans un fauteuil roulant jusqu'à la salle d'audience, certains éprouvaient des difficultés à marcher. D'autres, qui ne pouvaient pas rester debout pendant leur interrogatoire, ont demandé l'autorisation de s'asseoir, qui leur a été accordée [...]. Il faut également noter que bon nombre de ceux qui ne présentaient pas de signes visibles de douleur ou d'infirmité se sont plaints d'avoir été torturés par les membres des services de sécurité. D'autres ont affirmé qu'ils avaient été menacés par les policiers et le juge d'instruction. En réalité, pendant que je me trouvais dans la salle d'audience, très rares ont été les personnes interrogées qui n'ont pas fait état de contrainte, bien que la question n'ait été posée à aucune d'entre elles.

« Ceux qui ont tenté d'expliquer au tribunal comment ils avaient été torturés ont été immédiatement interrompus par le président et n'ont pu s'exprimer. Certains

---

6. Document d'Amnesty International, *Tunisie : de lourdes peines à l'issue de procès inéquitables*, MDE 30/23/92, p. 16-17.

ont toutefois réussi, avant d'être interrompus ou en dépit des tentatives pour les réduire au silence, à dire comment ils avaient été déshabillés et suspendus par les pieds pendant des heures, ou à décrire les sévices sexuels qu'ils avaient subis. Lotfi el-Amdouni a juste pu dire qu'il avait été brûlé au fer rouge avant d'être interrompu par le président.

« Chaque fois que l'un des accusés tentait de montrer au juge des traces de torture, celui-ci l'en empêchait en lui disant qu'il n'était pas expert en médecine [...].

« Plutôt que d'ordonner l'ouverture d'une enquête, le magistrat a menacé les accusés de les inculper de diffamation ou d'outrage envers les forces de sécurité. Emad Mansour a reçu la même menace quand il a affirmé que Fayçal Barakat avait été tué par des membres des forces de sécurité. »

Un écran de fumée [7]

« Le cas de Slaheddine Zikikout illustre très bien l'échec de la bureaucratie tunisienne officiellement chargée des "droits de l'homme". Cet homme de trente ans étudiait à Paris depuis 1988. Il a été interpellé à son arrivée au port de Tunis, le 8 août 1993. Amnesty International a pris contact avec le bureau de Rachid Driss au CSDHLF (Comité supérieur des droits de l'homme et des libertés fondamentales), le 27 août, alors que S. Zikikout était détenu au secret depuis dix-neuf jours. On lui a répondu que rien ne pouvait être fait tant que la famille n'aurait pas pris contact avec cet organisme, avec le médiateur administratif, avec les fonctionnaires chargés des droits de l'homme aux ministères de l'Intérieur et de la Justice, lesquels se trouvaient aux États-Unis pendant une partie de cette période, ainsi qu'avec le conseiller

---

7. Document d'Amnesty International, *Tunisie, du discours à la réalité*, Londres, 11 janvier 1994.

particulier à la présidence et avec le directeur des affaires politiques du ministère de l'Intérieur.

« Les 6 et 28 septembre, Amnesty a lancé des appels urgents en faveur de Zikikout. Ce dernier a été autorisé à rencontrer son avocat pour la première fois le 29 septembre, après avoir été détenu cinquante-deux jours au secret, soit quarante-deux jours de plus que la durée légale. La date d'arrestation figurant sur les procès-verbaux de la police était le 19 septembre. Pendant les premières semaines de sa détention, Zikikout aurait été détenu au secret dans une villa à Sidi Thabet, sur la route de Bizerte.

« Quand il a été finalement jugé, la date d'arrestation dans les documents de la police avait été falsifiée pour masquer l'illégalité de cette prolongation de garde à vue. Le tribunal de première instance le condamna à dix-huit mois d'emprisonnement pour appartenance à une organisation interdite et collecte de fonds. La sentence a été confirmée en appel le 18 janvier 1994 et les présidents des deux tribunaux ont tous deux refusé d'enquêter sur ces graves infractions à la procédure et sur les allégations de mauvais traitement à la suite desquels il était passé aux aveux. »

Des droits de l'homme vraiment universels !

Hamma el-Hammami, chef du PCOT, vivait dans une semi-clandestinité depuis la fin de l'état de grâce dans lequel Ben Ali, après sa prise de pouvoir, avait maintenu son parti, lorsqu'il fut arrêté à Sousse en février 1994. Il fut d'abord inculpé d'agression avec violence à agents dans l'exercice de leur fonction, de rébellion et de falsification de carte d'identité. Il eut droit à sa première séance de torture au siège régional de la police de Sousse, comme il l'écrit à ses avocats, « dans une pièce où était accrochée la Déclaration universelle des droits de l'homme ». Les tortures se poursuivirent au troisième étage du ministère de l'Intérieur, à Tunis, dans la « salle d'opération ».

El-Hammamı a été condamné, en deux procès, à Sousse pour les chefs indiqués plus haut et à Gabès pour maintien d'association interdite, association de malfaiteurs, etc., à un total de treize ans et demi de prison, ramenés à huit ans et demi du fait de la confusion des peines.

Son cas donne raison à ceux des Tunisiens, hélas ! trop peu nombreux, qui estimaient, dès le début de la répression contre les islamistes, que la défense des droits de l'homme, si elle devenaıt sélective, pouvait se retourner un jour, et plus tôt que prévu, contre ceux-là même qui l'avaient approuvée, tacitement ou bruyamment, au nom de la « lutte contre l'intégrisme ».

Non content de le faire torturer avant de le condamner, le régime a poursuivi les exactions contre le détenu Hammami et la terreur contre ses proches. Après avoir commencé une grève de la faim en décembre 1994, Hammami a été transféré à la prison de Mahdia, où ses jours étaient en danger à l'heure où j'achevais ce livre.

Table

Composition Facompo à Lisieux. Achevé d'imprimer sur les presses de B.C.I. à
Saint-Amand en juin 1995. Troisième tirage. Dépôt légal : juin 1995.
Numéro d'impression : 1/1424
ISBN 2-7071-2441-9.